· 基于综合实践活动的生涯教育系列丛书
· 重庆市北碚区普通高中物理课程创新基地成果
· 中共重庆市委教育工作委员会中小学校党建重点课题（24SKZXXDJ009）成果
· 重庆市教育科学“十四五”规划2023年度重点课题（K23ZG1100038）成果
· 重庆市普通高中精品选修课程“物理之眼”成果
· 重庆市普通高中精品选修课程“电影中的物理科学”成果
· 重庆市首批中小学“支点”创新实验室成果

U1019805

古籍中的
物理之光

总主编◎欧　健　张　勇
主　编◎杨峻一　李正吉

西南大学出版社
SWUPG
国家一级出版社　全国百佳图书出版单位

图书在版编目（CIP）数据
古籍中的物理之光 / 杨峻一，李正吉主编. -- 重庆 ：西南大学出版社，2025. 4. --（附中文丛）. -- ISBN 978-7-5697-2829-3
Ⅰ. G634.73
中国国家版本馆 CIP 数据核字第 20259LQ303 号

古籍中的物理之光

GUJI ZHONG DE WULI ZHI GUANG

主编　杨峻一　李正吉

策划编辑：王　宁　尤国琴
责任编辑：刘　玉
责任校对：张燕妮
装帧设计：闰江文化
排　　版：杜霖森
出版发行：西南大学出版社（原西南师范大学出版社）
地址：重庆市北碚区天生路2号
邮编：400715
印　　刷：重庆市圣立印刷有限公司
成品尺寸：185 mm×260 mm
印　　张：9
字　　数：176千字
版　　次：2025年4月　第1版
印　　次：2025年4月　第1次印刷
书　　号：ISBN 978-7-5697-2829-3
定　　价：25.90元

总序一

新高考改革，出发点就是让学生拥有自主选择、自我负责的学习权。此种导向要求中学进行育人方式的变革，为学生开设生涯教育的课程，给予学生人生规划的指导，引导学生认知自己，明确自己的兴趣、性格、优势、价值取向，让学生以此为基础认识外界，更好地为自己设立生涯目标，并根据已拥有的资源实现目标。"基于综合实践活动的生涯教育"系列丛书，正是西南大学附属中学先于国家政策试点，通过不懈的实践探索，收获的基于综合实践活动推进生涯教育的特色研究成果。

如何通过生涯规划课程引导学生学会自主选择，这一重要议题为我国教育改革与发展开拓了一个新的领域。"基于综合实践活动的生涯教育"系列丛书，从实践的角度架构了基于综合实践活动的生涯教育的基本框架，为服务于学生发展的育人模式的构建、学校教育品质的提升和学校实践改革的推进提供了重要启示，具有开拓意义。

第一，该套文丛的目标定位和内容选择，是以"帮助学生找到人生方向"为根本宗旨，贯穿初高中，培养个体人生规划意识与技能，指导学生学会学习、学会选择，在充分认识自我和理解社会的基础上，平衡个人发展和社会发展的需求，初步设计合理的人生发展路径，促进个体生涯发展，提升生涯素养。

第二，文丛的设计与安排，坚守"学生是学习与发展的主体"这一根本理念，初高中分阶段相互衔接，进行一体化设计；通过活动为学生搭建主动选择的平台，以研究性学习、社区服务、社会实践、研学旅行、设计制作、职业体验等综合实践活动为载体，引导学生在活动中明确人生奋斗目标并激发生涯学习动力，并不是简单地为学生提供品类繁多的"超市商品"让学生选择。

第三，学校还开发了《传统武术奠基康勇人生》《食育与健康生活》《生物实践与创意生活》《数学视角看生活经济》《水科技与可持续发展》《乡土地理和家国情怀》等配套文丛，结合校内外的学习实践和生活实践，将基于综合实践活动的生涯教育理论渗透到学科课程中，为学生生涯发展提供重要教育平台和资源，弥补学生社会经历缺乏、生活经验不足、实践体验机会太少等生涯教育短板，促进生涯教育过程性和动态性发展。主体文丛和辅助文丛相辅相助，将生涯教育和综合实践活动有效融合，让学生在沉浸式的体验中感知自己、认知职业、畅想未来。

第四，文丛贴近学生，语言平实生动，联系初高中生活学习实际，通俗易懂；图文并茂，既有趣味的活动设计，又有学生实践的光影记录，观之可亲。学生可从课堂内的探索活动、课堂外的校本实践中深刻体验生涯力量，还可在教师的引导下从活动链接中习得生涯领域的重要概念及理论，为未来的生涯发展做好积累。

总体而言，整套文丛以综合实践活动为基础，融入学科课程和劳动教育，以提升学生生涯规划能力为目的，不断强化适合生涯发展的认知能力、合作能力、创新能力、职业能力，力图帮助学生适应并服务于社会，获得终身学习、终身幸福的能力。

教书育人在细微处，学生成长在实践中。本套文丛的出版，将丰富生涯教育的承载形式，为中小学开展并落实基于综合实践活动的生涯教育提供可借鉴的案例，有效加强中学生生涯教育，促进学生全面发展、终身发展和个性发展。希望广大学生也可以像西南大学附属中学学生一样，在最适合的时候遇到最美的自己，希望更多的学校像西南大学附属中学一样为学生一生的生涯幸福奠基，让他们成长为自己满意的样子。

裴娣娜

（北京师范大学资深教授，博士生导师，当代教育名家，

中国课程与教学论领军人物，全国教学论专业委员会主任）

总序二

寒来暑往，西南大学附属中学在生涯教育这片热土上已躬耕二十余年。多年实践让我们相信，学校的课程、活动、校本读本都应回到问题的原点：什么是教育？

教育，是将自然人培养成社会人的过程，是帮助每一个孩子认识自己、发现自己，让他既能成长为自己心中最美的样子，又能符合国家、社会对人才的需求。

因此，我们希望实现这样一种生涯教育：让学生有智慧地参与综合实践活动，从活动中生发智慧；让学生有德性地参与综合实践活动，在活动中完善德性；让学生带着对美的追求参与到活动中，在活动中提升创造美的能力。一个拥有智慧与德性，能够欣赏美、创造美的个体，定然能够在瞬息万变的世界里站稳脚跟，也能够在喧喧嚷嚷中细心呵护一枝蔷薇。

秉持这样的理念，我们编写了"基于综合实践活动的生涯教育"系列丛书，着力帮助学生更好地适应未来不同阶段的身份、角色。希望学习此书的孩子们，不必因为不懂自己、不明环境、不会选择而错失遇见最美自己的机会。请打开这些书，热情地投入到探索活动中，感知自己的心跳起伏，喜恶悲欣；细细品读每个生涯故事，观察他人的生活，触碰更多可能；更要在校本实践中交流碰撞，磨砺成长……这些书将是孩子们生涯成长路上的小伙伴，陪在身旁，给予力量。希望大家从此学会学习，学会选择，学会生活。

基于综合实践活动的生涯教育是为幸福人生奠基的教育。我相信，当每一个个体恰如其分地成长为自己所喜欢的样子，拥有人生幸福的能力，就同样能为他人带来幸福，为社会创造福祉，为国家幸福而不断奋斗！

欧健

（教育博士，正高级教师，西南大学附属中学党委书记）

前言

“天地玄妙藏典籍，物理幽微隐古书”，在浩瀚的历史长河中，人类文明犹如璀璨星辰，照亮了人类探索未知、追求真理的道路。古籍，作为时间的低语者，承载了先贤们深邃的哲思。我国古代先贤们以无尽的热情和不懈的努力，观察自然，思考宇宙，理性记录，让物理之光流泻于古籍的字里行间。他们的物理学思想虽未形成如现代科学般的严密体系，但其倾注的智慧与心血无不令人钦佩折服。

习近平总书记曾强调：“要系统梳理传统文化资源，让收藏在禁宫里的文物、陈列在广阔大地上的遗产、书写在古籍里的文字都活起来。”本书编写组以弘扬中华优秀传统文化为已任，挖掘我国古代科学典籍中的相关论述，对古人的科学发现、发明创造等内容从物理原理、其对古代科学发展的影响、跨学科联结等方面以物理学科的视角进行科普拓展，尝试开辟一条穿越时空的求索之路，引领读者走进古人的智慧殿堂，感受那份跨越千年的科学热情与执着，让书写在古籍中的文字真正活起来。

在西南大学附属中学校组织下，物理教研组的骨干教师、优秀青年教师通力合作，共同编写了这本知识科普类读物，它是重庆市精品选修课程“物理之眼”的阶段性成果。在老师们专业精湛又妙趣横生的解读下，从《易经》对声音传播的微妙感知，到《墨子》对光影的深刻洞察；从《天工开物》对力学应用的精妙阐述，到《梦溪笔谈》对磁学、声学现象的细致记录，古人对物理世界不懈探索的光芒在每一讲中熠熠生辉，一代又一代人对匠心的传承与创新亦在每一篇章中灼灼闪耀。

“深入挖掘古籍蕴含的哲学思想、人文精神、价值理念、道德规范，推动中华优秀传统文化创造性转化、创新性发展。”习近平总书记在中国人民大学考察时如是说。古人的物理学智慧虽已历经沧桑，但其价值却历久弥新。它们不仅为我们提供了独特的思考视角和解决问题的方法，更激发我们对科学真理的无限向往和追求。希望本书能成为中学生打开物理学智慧之库的一把钥匙，在穿越时空的科学共鸣与启迪中厚植家国情怀，培养民族自豪感，滋养文化自信，肩负起赓续历史文脉，谱写当代华章的时代重任。

本书编写组

目录

CONTENTS

第 1 讲

车轮飞旋，匠心新绽

《考工记》是我国先秦时期的一本非常有价值的书。这本书就像是一个大宝箱，里面装满了各种各样的手工业技术知识。无论是做车子、打造兵器、制造农具，还是建造房屋、修建水利和冶炼金属，它都有详细的介绍。

在科学技术的发展进程中，力学是一个非常重要的学科分支，而且它很早就被人们探索和研究，《考工记》这本书就很好地证明了这一点。当我们翻开这本书，看到里面关于各种物品的设计和制作技术时，就会发现，原来先秦时期我国的工匠们就已经掌握了那么多的力学知识。

人类早期的车辆多为木制，以人力或畜力为动力。我国先秦时期的车辆成为当时重要的战争工具与交通工具。据《考工记》记载，先秦时期的工匠们已经掌握了车辆设计与制作的核心技术，包括车轮的制造、车轴的安装、车厢的构造等。工匠们凭借对力学原理的深入理解和精湛技艺，创造了众多具有划时代意义的车辆作品，如图 1-1 所示。这些作品不仅为人们的出行提供了便利，更为后世车辆制造技术的发展奠定了坚实的基础。《考工记》汇集了先秦车辆制造技术的精髓，展现了力学知识萌芽。从车辆设计到制作技术，《考工记》无不体现工匠的智慧与力学应用，是先秦科技发展的珍贵见证。

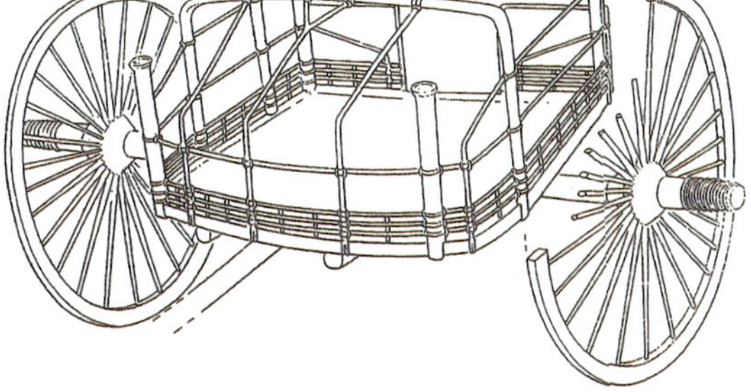

图1-1　春秋末太原金胜晋赵卿墓8号车复原示意图

一、滚动摩擦的应用

《考工记·总论》写道:“凡察车之道,必自载于地者始也,是故察车自轮始。凡察车之道,欲其朴属而微至。不朴属,无以为完久也;不微至,无以为戚速也。轮已崇,则人不能登也;轮已庳,则于马终古登阤也。”

这段话的意思是:凡检验车子质量的规则,必须从车子接触地面的部位开始,因此检验车子要从车轮开始。凡检验车子的规则,要注意车轮的结构是否缜密,轮子与地面的接触面是否微小。如果车轮的结构不缜密坚固,那就不能经久耐用;如果轮子与地的接触面不微小,就不会运转快捷。如果车轮过高,就不便于人登车;如果车轮过低,那么马就会十分费力,就像常常处于爬坡状态一样(图1-2)。

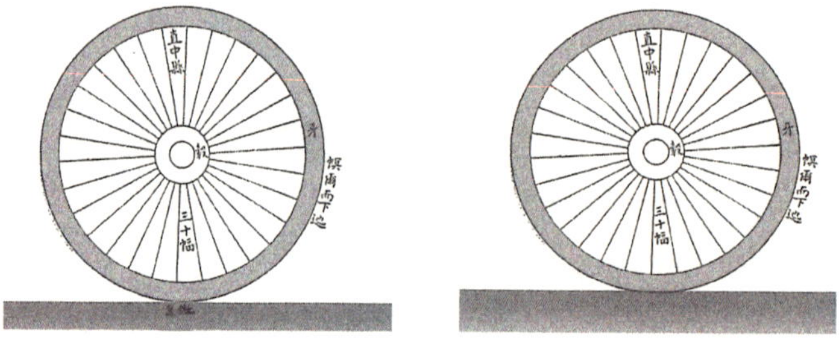

图1-2 “微至”示意图

滚动摩擦在古代的应用广泛而深远,涉及诸多领域。例如,在建筑中,人们利用滚动摩擦的原理来搬运石料和木材。车轮的发明使得人们能够更轻松地移动重物,车轮的滚动摩擦远小于滑动摩擦,因此减少了运输过程中的阻力,使得人力或畜力能更有效地驱动车辆前进。

《考工记》中检验车辆的原则,不仅仅是滚动摩擦的简单应用,其中检验的细节完全符合现代滚动摩擦的理论。

车轮的结构缜密、坚固,且与地面的接触面小,那么运转就快捷。现代汽车的车轮,胎压是个重要的参数。胎压过低时,轮胎与地面的接触面积较大,车辆行进时的阻力较大,油耗较高;胎压较高时,轮胎与地面的接触面积较小,车辆行进时的阻力较小,油耗比较低。有经验的驾驶员知道轮胎加足气后车子跑得特别轻快,就是这个道理。

车轮的大小也会影响阻力的大小。车轮小了,阻力就大,马拉起来就费力,所以车轮要大一点。同时,又要考虑人上下车的方便,不宜太高。据统计,先秦时期车轮的轮径平均约为1.33 m。

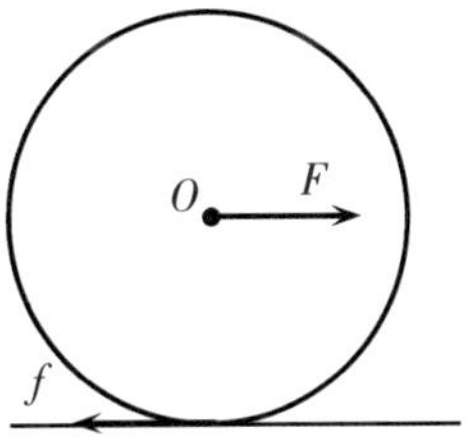

图1-3

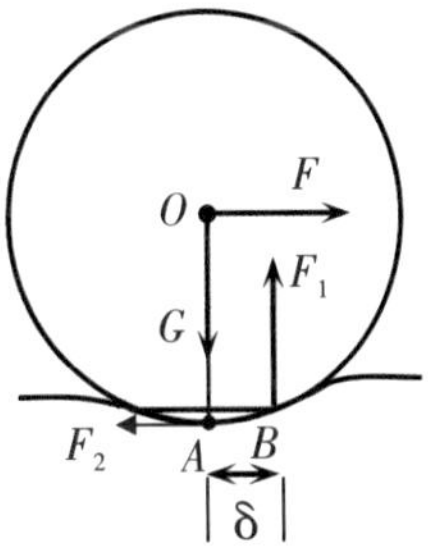

图1-4

如图1-3所示，将一重为G的车轮放在地面上，在O处作用一极小的水平向右拉力F，此时地面对车轮有向左的静摩擦力f产生，在F与f的作用下，车轮向右滚动。从理论上讲，F可以无穷小，即无论多重的车，很小的力都可以拉动。

真实的情况是，在弹力的作用下，地面与车轮都会有形状的改变，如图1-4所示。车轮要向右滚动，会挤压车轮右前方的地面，右前方的地面给车轮反作用力，这个力作用在车轮右下侧的一小块面积上，且分布并不均匀。为了简化分析，将地面给车轮的力等效成作用在B点的两个力：竖直向上的F_1，水平向左的F_2。

车轮即将滚动时，水平与竖直方向分别受力平衡，有

$$F_2=F,$$

$$F_1=G,$$

以O为支点，根据平衡条件有

$$F_1\delta=F_2R,$$

说明：由于B点非常接近轮子的最低点A，所以F_2的力臂近似为车轮的半径R；δ是接触面的约束反力与车轮最低点A的最大偏移值，是一个以长度为单位的参数，称为滚动摩擦系数。可得

$$F=\frac{G\delta}{R},$$

可见，马拉车的力与δ成正比，与车轮的半径R成反比。车轮的材料越坚固，地面越平整结实，接触处的变形就小，接触面积小，δ就小，拉力F就小。同时，车轮的半径R越大，马拉车的力也就越小。《考工记》在2200多年前就提出减小滚动摩擦的方法，并应用于车辆检验上，完全符合滚动摩擦的理论。

二、弹性力学的经验公式

《考工记》中有多处涉及构件的强度与设计的问题，大多是经验性的，这些知识可以认为是弹性力学某些理论的萌芽。

《考工记·轮人》写道："凡辐，量其凿深以为辐广。辐广而凿浅，则是以大扤，虽有良工，莫之能固。凿深而辐小，则是固有余而强不足也。故竑其辐广以为之弱，则虽有重任，毂不折。"

这段话的意思是：所有的辐条，度量毂上凿的深度来确定辐条的宽度。辐条宽而凿浅，辐条就会因此而摇动，即使有好的工匠，也不能使之牢固；凿深而辐条狭小，就会使辐条牢固有余而强度不够。所以一定要度量辐条的宽度作为孔的深度，这样，车子虽然载重很大，毂也不会损坏（图1-5）。

图1-5　戴震《考工记图》中辐"弱"图示

在车轮中，辐是一种受弯的梁式零件。这一段对于辐条的设计，提出了两个要求，"固"与"强"。如果凿浅，则不能达到固的要求；凿深而辐小，则强度不足。为了解决这个矛盾，最好的办法就是令辐广、凿深和辐弱这三者的尺寸相等，即"凿深=辐广=辐弱"，也就是"榫孔深度=辐条截面宽度=榫头长度"。全面考虑固与强的做法，与现代梁的理论的思想是一致的。

这种将三个尺寸相联系的思路为辐条设计提供了一种全面、科学、实用的方法，不仅有助于提升车轮的性能和安全性，还为其他工程结构设计提供了有益的启示和借鉴。《考工记》揭示了工程设计中经常遇到的权衡问题，即如何在满足结构稳固性的同时，确保其强度足够承受预期的工作负载。

三、车辆的惯性现象

《考工记·辀人》写道:“劝登马力,马力既竭,辀犹能一取焉。”

这句话的意思是:马拉车的时候,马不拉了,车还能前进好几步。

由于车有一定的速度,即使马不拉车了,车也会维持原有的方向,继续前进,在阻力的作用下才停下来。《考工记》的这段描述,是中国古籍中最早明确涉及惯性现象的描述。

在古代,人们对自然现象的认识往往基于直观经验和生活实践。而《考工记》记载的马车在失去马匹拉力后仍能继续前进的现象,体现了古人深刻的洞察力。

四、斜面的应用

《考工记·轮人》写道:“轮人为盖……叁分弓长,以其一为之尊。上欲尊而宇欲卑。上尊而宇卑,则吐水疾而霤远。”

这段话的意思是:盖斗与弓末的高低差为弓长的三分之一,盖弓近盖斗的上平部略高,远离盖斗的宇部略低。上平部高而宇部低,泻水时水就流淌得快而且流得远。

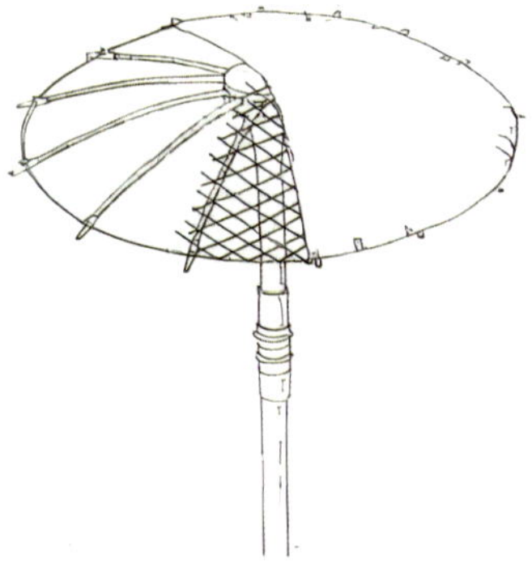

图1-6 车盖制作示意图

车盖的主要作用是挡雨,要增加挡雨的范围,车盖应该做得较大;又要让雨水流淌顺利,车盖倾斜度就要大;为了不挡住驾车者的视线,车盖的边缘不能太低。可以想象,这是一个又大又高的车盖,既浪费材料,也不方便进出门。于是,古人通过经验总结,将车盖的中间部分做得比较平坦,略微有点倾斜度,保证了挡雨的范围,即使雨水流淌较慢也没有什么影响。同时,车盖边缘坡度增大,使流泻的雨水在重力分量的作用下加速,到达边缘时就有了较大的速度,这样流下的雨水就远离了车辆。工匠们潜意识地运用了斜面上物体运动的规律和抛体运动的知识(图1-6)。

车盖的设计不仅满足了挡雨的基本需求，还通过调整倾斜度和边缘坡度，使得雨水能够顺利流淌，同时不遮挡驾车者的视线。这种设计既实用又美观，体现了古人对功能性和审美性的双重追求。

五、结语

战车作为春秋战国时期战争的重要工具，随着铁骑和强弩的兴起，其地位受到挑战，逐渐退出历史舞台。尽管木质车辆逐渐退出了战争与运输的舞台，但制作木质车辆的技艺却在其他领域焕发出新的生机。更为重要的是，制作木质车辆的技艺中所蕴含的力学原理，为摩擦学、斜面应用、材料力学等领域的发展奠定了一定的基础。

参考文献

[1]刘道广，许旸，卿尚东．图证《考工记》——新注、新译及其设计学意义[M].南京：东南大学出版社，2012.

[2]孙机．从胸式系驾法到鞍套式系驾法——我国古代车制略说[J].考古，1980(5)：451.

[3]张秉荣，张定华．理论力学[M].北京：机械工业出版社，1991.

[4]刘永华．中国古代车与马具[M].上海：上海辞书出版社，2002.

第2讲

好弓力自强，非是藉劲风

弓箭的发展，从蒙昧时期到先秦时期，经历了一段漫长的历程。在遥远的蒙昧时代，弓箭的发明无疑是一场革命性的突破。那时，人们开始懂得利用弓弦的弹性势能，将箭矢射向远方，这一创新为狩猎和战斗带来了前所未有的优势。随着时间的推移，弓箭的制作技艺逐渐提升。人们开始懂得选用更优质的木材制作弓身，用更坚韧的绳索作为弓弦，同时也不断改进箭矢的形状和材质，以提高其穿透力和飞行稳定性。在这个过程中，弓箭逐渐从简单的狩猎工具，演变成了战场上的致命武器。进入先秦时期，反曲弓的出现，标志着弓箭制作技术的一大飞跃。

《考工记》记载的弓箭的制作技术，反映了我国先秦时期对力学规律的应用。

一、浮力的实践

《考工记·矢人》写道："水之，以辨其阴阳。夹其阴阳，以设其比。"

这段话的意思是：将箭杆浮于水面，以辨别其阴面与阳面，向上为阴，向下为阳。垂直平分阴面与阳面，设置箭括(用于扣弦的凹槽)。

树木的阴面与阳面是指由于太阳照射角度的影响，在木料上形成的两个明显不同的区域。树木的阳面接受阳光直射较多，生长更为活跃，因此木材的密度相对较大；而阴面接受阳光照射较少，生长较为缓慢，密度相对较小。制作成箭杆后，阴面与阳面很难从表面区分开，于是先秦的工匠利用浮力的性质进行区分。

如图2-1(a)所示为箭杆漂浮于水面上的截面图，此时阳面在上，阴面在下，所以重心位于水面上方的B点。箭杆的下部浸入水中，浮力的等效作用点称为浮心，位于A点。假设有一轻微扰动，使箭杆顺时针旋转一个小角度，如图2-1(b)所示，重心将会转到O点右侧。由于浮心的位置只与浸入水中的形状有关，所以A点位置不会发生变化，继续位于O点的正下方。在重力G与浮力F的共同作用下，形成顺时针转动的力矩，箭杆将会继续沿顺时针方向转动。所以上阳下阴是一种不稳定的平衡状态，只要遇到扰动就会翻转。

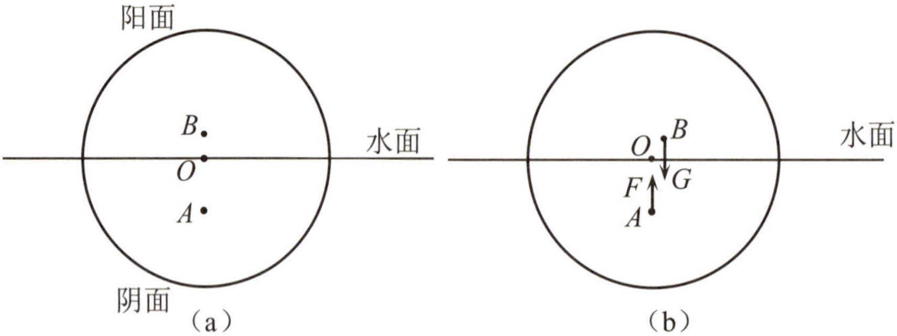

图2-1　上阳下阴受扰动的受力情况

如图2-2(b)所示为阳面在下阴面在上的情况，重心位于水面下方的B点。同样假设有一轻微扰动，使箭杆顺时针旋转一个小角度，如图2-2(b)所示，重心B点将会转到O点左侧。在重力G与浮力F的作用下，形成逆时针的力矩，阻碍箭杆继续沿顺时针方向转动，最终要恢复刚才阳面在下阴面在上的情况。

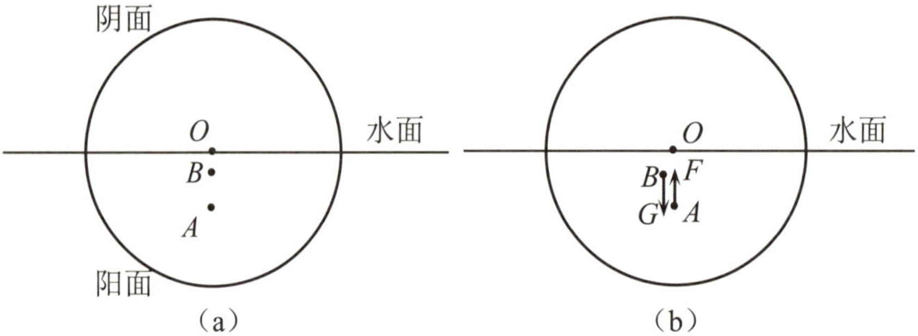

图2-2　上阴下阳受扰动的受力情况

在《考工记·轮人》中也有类似的浮力应用，“水之，以眡其平沈之均也。”指的是要测量轮子各处质量是否均匀，只需将其放入水中观察各处浸入水中的深浅是否相同。

先秦时期，古人对浮力已经有了比较深入的认识，并在生产实践中有着巧妙的应用。浮力规律除了用于分辨箭杆的阴阳，判断车轮的质地，人们还制作了木船与浮桥。在殷商之前，人们就已经观察到漂浮在水面上的树叶和木头，并受到启发，利用这些原理制作船只，以便在水上航行。到了殷商时期，他们已经能够制作出由木板组成的大船体，进一步提升了水上交通的能力。随着对浮力认识的深入，周朝以后，不仅木船得到了普遍使用，人们还学会了将多艘船只连接在一起，上面铺上木板，构成浮桥。

二、力与形变的关系

《考工记·弓人》写道:“量其力,有三均。均者三,谓之九和。”

这段话的意思是:测量弓的弹力,也达到了三均。这样的三个三均,称为九和。

东汉时期的郑玄就“量其力,有三均”注云:“假令弓力胜三石,引之中三尺,弛其弦,以绳缓擐之,每加物一石,则张一尺。”看来郑玄的测量弓力的方法就是把弦松开,另用绳松套着弓的两端。在“试弓力”开始阶段,力和形变量基本上成正比关系,有“每加物一石,则张一尺”之说(图2-3)。

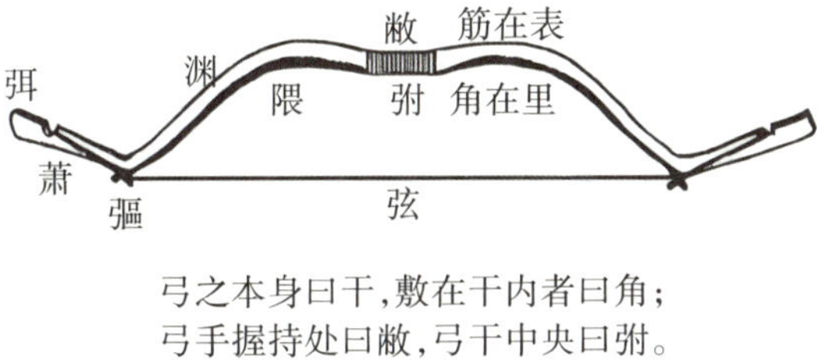

图2-3 弓各部分名称示意图

在先秦时期人们就已经在实践中总结了力越大形变量越大的规律。这是一个基本的力学原理,表明物体在受到外力作用时,其形状或大小会发生变化,且这种变化与施加的外力大小有关。到了汉代,人们已经能够量化这种关系,有了明确的力与形变量成正比例的记录。这是一个非常重要的科学发现,因为它为后来的弹性力学发展奠定了基础。明代宋应星在《天工开物》中也记载了类似的测量方法。这说明从先秦时期到汉代,再到明代,中国古人对力学规律的认识和应用逐渐成熟,且一脉相承。值得一提的是,郑玄提出的力与形变的正比关系比胡克定律的提出早了1500多年。

三、对弹性势能的应用

《考工记·弓人》写道:“凡析干,射远者用埶,射深者用直。”

这段话的意思是:凡解剖弓干用材,要依据其目的采用不同的解剖方式,想要射得远的,要反着木的长势弯曲;想要射得深,则选取厚直的木材。

《考工记》在论述弓干的制作时,讨论了如何根据用途来选择不同的弓干材料。射出的箭矢要远,需要的初速度要大,即初始动能要大。而箭矢的动能由弯弓拉弦储备的弹性势能转化而来,所以弓的弹性势能要大。

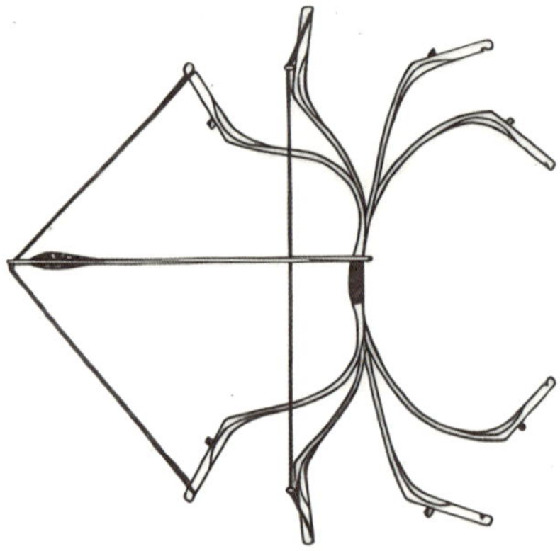

图2-4　反曲弓使用示意图

由于弓是反向弯曲的(图2-4),给弓上好弦,即使没有拉动,弓也已经有了较大的形变量。根据弹性力学规律,随着形变量的逐渐增加,相同的形变量增量能引起的弹性势能增量逐渐加大。这意味着,在拉动弓弦的过程中,即使较小的形变量,由于弓的初始形变量,也能获得较大的弹性势能储备。

如果弓是由厚直的木材制成,相对于薄木材制成的弓,其劲度系数会更大。劲度系数是描述物体在受到外力时抵抗形变能力的物理量。劲度系数越大,意味着在相同的形变量下,物体能够储存更多的弹性势能。因此,厚直木材制成的弓在相同的形变下具有更大的弹性势能,这使得箭矢在发射时能够获得更高的初速度。

可以看出,古人在制作弓箭时,不仅考虑了器件的劲度系数,还综合考虑了形变量对势能改变的影响。他们知道如何通过选择合适的材料和设计合理的结构来优化弓的性能。此外,古人还对形变量增加时势能变化的快慢有了一定的认识。

四、箭飞行的阻力与稳定性

《考工记·矢人》写道:“兵矢、田矢,五分,二在前,三在后。杀矢,七分,三在前,四在后。……五分其长,而羽其一。”

这段话的意思是:兵矢和田矢,箭的前五分之二部分的重量与后五分之三部分的重量相等。杀矢,箭的前七分之三的重量与后七分之四部分的重量相等。……把箭杆长度分为五份,后面的五分之一处安装箭羽(图2-5)。

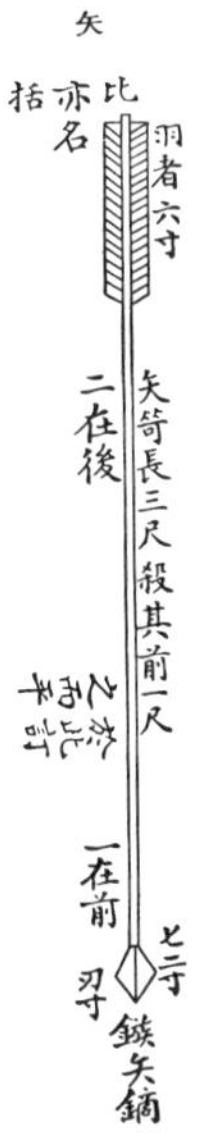

图2-5　戴震《考工记图》中“箭矢”各部及尺寸示意图

箭矢的飞行稳定性是其射程的决定因素之一。可以看出，不管是兵矢、田矢，还是杀矢，都是箭的前部密度大，后部密度小，在尾部安装羽毛。可以想象这样的情境，将箭切割开，分为前部、后部、羽毛三部分，再将三者以相同的初速度投掷而出，在空气阻力的作用下，必然是前部飞得最快，羽毛几乎无法前进。再将这三者组装在一起，前部拉着后部向前飞行，羽毛受到的阻力最大，向后拖着箭杆，使箭头的方向始终沿着速度的方向。

羽毛的作用在于提供飞行时的稳定性，防止箭矢在飞行过程中发生偏斜或晃动。比如水平飞行的箭矢箭头上翘，作用在羽毛上的空气阻力会产生一个使箭矢回到水平方向的力矩。这一设计原理与动力学中的稳定性理论相契合。

从先秦时期到近代，弓箭作为重要的远程武器，经历了漫长而复杂的发展过程。《考工记》记载的弓箭的制作技术已经相当成熟，射箭技艺也得到了广泛传播和深入发展。复合弓的出现进一步提升了弓箭的性能，不仅增强了弓的弹性，也提高了其耐用性。此外，箭矢的种类也逐渐增多，如破甲箭、火箭等，以适应不同战斗场景的需求。

然而，随着火药的发明和火器的普及，弓箭在战场上的地位逐渐受到挑战。尽管如此，弓箭并未因此消失，反而在民间和体育领域得到了更广泛的传承和发展。到了明清时期，弓箭制作技艺仍然保持着相当高的水平，并出现了一些具有地方特色的弓箭文化。

弓箭的发展史不仅是一部武器技术的进步史，还是一部人类文化和体育活动的演变史。它见证了人类对于远程攻击能力的不断探索和创新，也展现了弓箭在不同历史时期所承载的丰富文化内涵。

参考文献

[1]关增建，[德]Konrad Herrmann，译注．考工记——翻译与译注[M].上海：上海交通大学出版社，2014.

[2]李亚明．考工记名物图解[M].北京：中国广播影视出版社，2019.

[3]刘道广，许旸，卿尚东．图证《考工记》——新注、新译及其设计学意义[M].南京：东南大学出版社，2012.

第3讲

无形之力，吸引之奇

古人对于磁现象的认识和研究经历了一段漫长的历史时期。据史料记载，早在2000多年前的春秋战国时期，古人就发现山上开采出的一种黑黑的石头（图3-1）具有吸铁的特性，人们将这种石头叫作慈石。

图3-1　天然磁铁矿石

关于“慈石”的最早的记载出自东汉高诱的《吕氏春秋注》：“石，铁之母也，以有慈石，故能引其子。石之不慈者，亦不能引也。”意思是：“石头是铁的母亲，因为有慈石，所以能吸引它的儿子铁块。没有慈性的石头，不能吸引铁块。”

古人给这种石头取的这个名字是如此的富有诗意，把磁石想象成温柔的母亲始终在吸引着自己的孩子一样，形象而贴切，引人无限遐想。有趣的是，不仅是在古代中国，在欧亚大陆另一头的法国对于磁石也有与之类似的称呼。

或许刚开始的时候磁石只是作为茶余饭后的玩具，慢慢地，智慧的古人把磁石广泛地应用在生产生活、军事和航海等领域。

到了宋代，对我国古代磁现象进行了研究总结的集大成者是北宋科学家、政治家沈括（1031—1095年），他编著的《梦溪笔谈》是一部涉及古代中国自然科学、工艺技术及社会历史现象的综合性笔记体著作。他对利用磁石使铁针磁化用以制作指南针，以及磁石极性、磁针不完全指南（即磁偏角）现象的发现、描述与研究，都极具价值。

一、铁针的磁化

《梦溪笔谈》卷二十四中写道："方家以磁石磨针锋，则能指南。"

这句话的意思是，拥有一些专业技能的人用磁石磨铁针的针尖，针尖就能指南。读到这里我们知道智慧的古人已经学会了利用磁石摩擦使铁针磁化的方法。

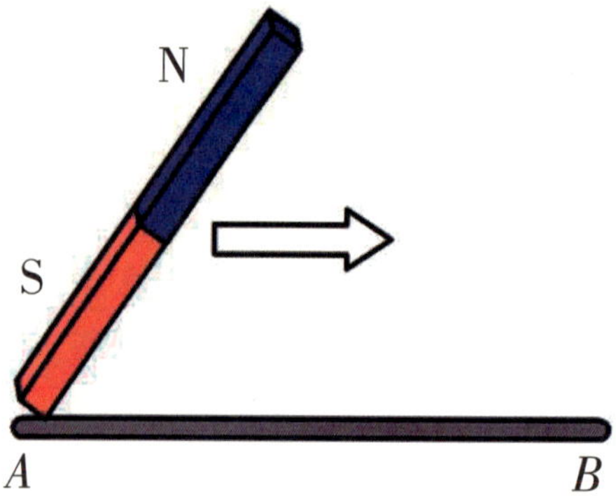

图 3-2

摩擦法是使磁性材料磁化最常用的一种方法，把需要被磁化的物体（如铁棒）放在磁场中，然后用一块已经有磁性的物体（如磁石）沿着需要被磁化的物体的同一方向摩擦几次（图 3-2），这个物体就会被磁化。其原理是通过外部磁场的作用使原来没有磁性的物体内部的磁畴排列有序，从而对外显示出磁性。除了摩擦法，还可以将需要被磁化的物体靠近或接触已经有磁性的物体一段时间，该物体也将被磁化。这是因为磁体周围分布有磁场，从而使得附近的磁性材料被磁化。

随着技术的进步，现代实验室里我们可以采用通电法使磁性材料迅速磁化，在需要被磁化的物体上绕绝缘导线，然后通入直流电，经过一段时间后取下即可。这种方法是利用电流产生的磁场来使得物体获得磁性。当导线中通过直流电时，会在周围产生稳定的磁场，从而使得物体被磁化，特别是线圈中央的部分磁化效果最明显。

二、指南针的制作

《梦溪笔谈》卷二十四中写道："方家以磁石磨针锋，则能指南；水浮多荡摇，指爪及碗唇上皆可为之，运转尤速，但坚滑易坠，不若缕悬为最善。其法取新纩中独茧缕，以芥子许蜡，缀于针腰，无风处悬之，则针常指南。其中有磨而指北者。予家指南、北者皆有之。磁石之指南，犹柏之指西，莫可原其理。"

这段话的意思是：拥有一些专业技能的人用磁石磨铁针的针尖，针尖就能指南，将磁针放在水上漂浮的时候常震动摇摆不定，也可以放在指甲或碗边，转动的速度很快，但在坚硬光滑的表面容易滑落掉下很不稳定，所以个人认为悬挂的方法是最好的。这个方法是取新产的丝绵中单根的蚕丝，用芥籽大小的一点蜡把蚕丝粘连在磁化的铁针中间，在没有风的地方悬挂，磁针常常指向南方。但有的磁针制作出来悬挂后针尖指向北方。我家里的指南针指南、指北都有。磁石指向南方，和柏树的树枝指向西方一样，还不能推究出其中的真正缘由。

从《梦溪笔谈》这段话的记载可以看出，沈括对他所处的那个时代以前的磁学研究有较为全面和详细的总结，以下是其记录的北宋以前制作指南针的四种方法：

第一种　碗唇旋定法——将磁针搁在碗口边缘，磁针可以旋转，停止后就可以指示方向（图3-3）。

第二种　水浮法——将磁针上穿几根灯芯草浮在水面上，就可以指示方向（图3-4）。

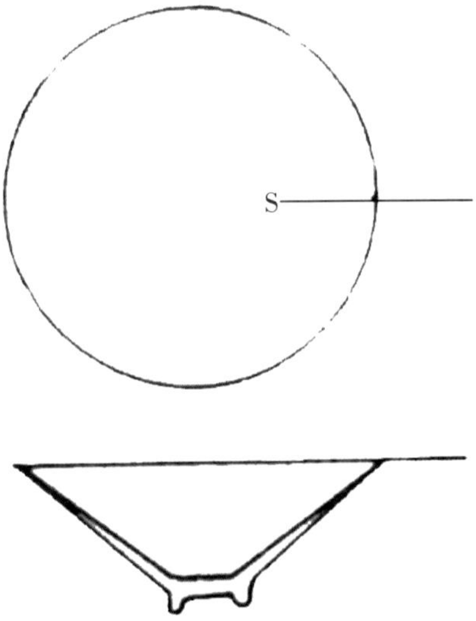

图3-3　碗唇旋定法示意图

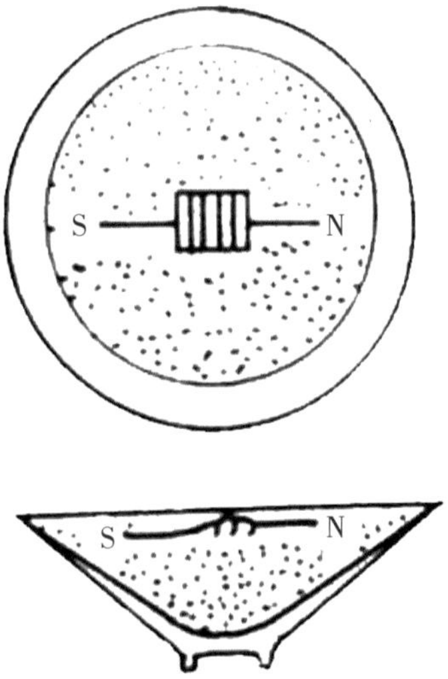

图3-4　水浮法示意图

第三种　指甲旋定法——把磁针搁在手指甲上面，由于指甲面光滑，磁针可以旋转自如，起到指示方向的作用（图3-5）。

第四种　缕悬法——在磁针中部涂一些蜡，粘一根蚕丝，挂在没有风的地方，就可以指示方向了（图3-6）。

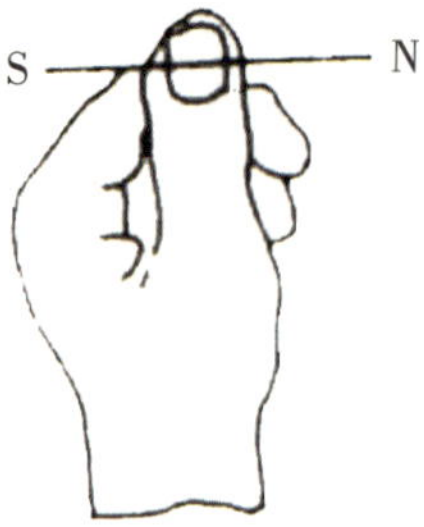

图3-5　指甲旋定法示意图

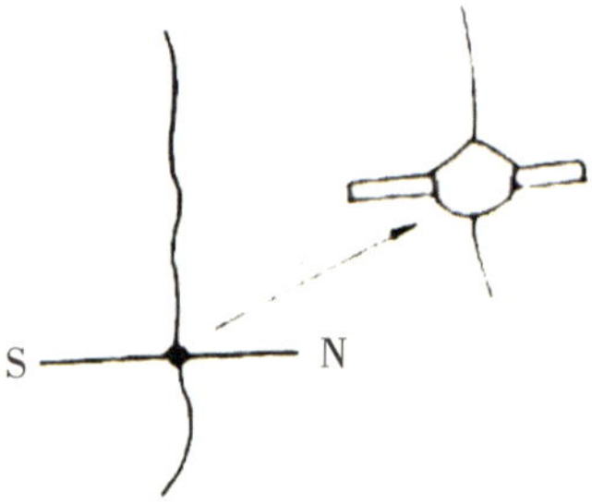

图3-6　缕悬法示意图

沈括对这四种方法做了比较,他指出水浮法的最大缺点是,水面容易晃动影响观测结果。碗唇旋定法和指甲旋定法,由于摩擦力小,转动很灵活,所指方向更准确,但是不易使其平衡,容易掉落。沈括比较推崇的是缕悬法,他认为这是使指向准确又切实操作性强的方法。

我们在肯定沈括的学术研究精华的同时也要看到其认知的局限性,他并不真正知道指南针指南是因为受到地磁场的作用,磁化后指南针有的指南,有的指北,是因为磁化时操作方法的不一致使铁针的南北两极极性相反。

磁石最早、最广泛的应用是我国为世界文明贡献的四大发明之首的指南针。它的发明及传播对于世界地理大发现,推动整个人类历史的进程有不可或缺的作用。不难想象,在古代中国,当人们拿起一根根长条形的天然磁石把玩的时候,某一位智慧的古人发现磁石自由转动直到静止的时候总指向地理的南北方向,并且智慧勤劳的先民们把磁石开采出来以后,能工巧匠把磁石打磨凿雕成一个勺子形,磁石的南极磨成长柄,放在青铜制成的光滑底盘上,再铸上代表方向的天干地支等,这个磁勺在底盘上转动停止时,勺柄指的方向就是南方,这就是我们祖先发明的,世界上最早的指示方向的仪器,叫作司南(图3-7)。明确的文字及图片记载在东汉王充的《论衡·是应篇》:“司南之杓,投之于地,其柢指南。”这里的“地”指的是司南的底盘。

图3-7　司南

从战国、秦汉以至隋唐的古籍中,都有不少关于司南的记载。例如,西晋的崔豹在《古今注》中曾提到过“指南鱼”,当时人们把它当作一种游戏。后来到了北宋,民间常用薄铁片剪成鱼形,鱼的腹部略下凹一点,像只小船。磁化后鱼形铁盘浮在水面上能指南北。现在的我们看来,这已经是很成熟的指示方向的工具指南针了。

三、地磁偏角的描述

《梦溪笔谈》卷二十四中写道:“方家以磁石磨针锋,则能指南;然常微偏东,不全南也。”

这段话的意思是说:有专业技能的人用磁石摩擦铁针尖,铁针尖就能指南,然而常常略微偏东,不全在正南方向。

这是公元1086年的观察记录,目前的史料考证,这应该是人类关于地磁偏角最早的记录,在西方,约公元1200年古约特才记载用天然磁石摩擦铁棒制作指南针,比中国晚了一个多世纪。在1492年哥伦布横渡大西洋发现新大陆时才观察到地磁偏角,整整比沈括晚了4个世纪。但是唯象现象的发现没有上升到理论的高度,因为时代的认知局限,沈括没能进一步研究。

现在的我们知道地球上存在着一个神奇而复杂的力量,它不仅指引着动物的迁徙和导航系统的工作,还保护着地球免受宇宙射线的侵害。这个力量就是地球的磁场。作为大航海时代的利器——指南针,地磁场在航海活动中发挥着重要的作用。指南针其实是通过利用地球的磁场来指示方向的。地球的磁场并不是永恒不变的,它会发生周期性的变化。这种变化对于航海的安全至关重要。航海者需要注意地磁变化对罗盘的影响,以确保航向的准确性。当地磁变化较大时,航海者需要调整航向,以免迷航。现代航海导航系统利用了地球的磁场作为定位参考,来提供高精度的导航信息。通过测量磁场的变化,航海者可以确定自己的位置和方向,以及避开潜在的危险区域。

四、磁现象在其他领域的应用

1.磁现象在矿物拣选中的应用

古书记载:“烧白瓷者,即用磁石于釉水缸中过之,铁屑即随磁石吸出。”这足以说明，古人已经开始用磁石进行矿物拣选。

2. 磁现象在军事上的应用

据《晋书·马隆传》记载：“或夹道累磁石，贼负铁铠，行不得前，隆卒悉被犀甲，无所留碍，贼咸以为神。”这句话的意思是：“在敌人必经的狭窄道路两边堆砌磁石，敌人的士兵都穿的铁质铠甲，因为被道路两旁的磁石吸引，行进非常困难，马隆的士兵都穿犀牛皮做的铠甲，因为不被磁石吸引，所以不会受到任何阻碍，行动自如，敌人疑惑自己行动困难而马隆的士兵却不受影响，以为马隆的士兵是神兵天降。”从记录中来看，这应该是磁石应用在战争中克敌制胜的成功案例。

3. 磁现象在建筑中的应用

据古籍《三辅黄图》记载，阿房宫的其中一个宫殿的门口，装了一个磁石门，磁石门据说是秦始皇建造的阿房宫的北阙门，约建于秦始皇35年（公元前212年）。因“累磁石为之”，故称磁石门。我们推测秦始皇建造磁石门的目的应该有两个，一是为了防止行刺者，在入门时以磁石的吸铁性使隐甲怀刃者不能通过；二是为了向“四夷朝觐者”显示神奇，使其惊恐却步，不敢有异心，也称“却胡门”。现代的我们不难理解，这道磁石门的作用应极其类似于安检门，这样的理念是很超前的。不难想象，因为秦始皇曾被荆轲刺杀过，嬴政始终心有余悸，虽然现在无法考证当年的荆轲夹带在地图里的是铜匕首还是铁匕首，但至少磁石门可以让携带铁制匕首的行刺者无所遁形。《三辅黄图》还记载，阿房宫“以木兰为梁，以磁石为门”。现代化学知识告诉我们，磁石是主要含有四氧化三铁的天然矿物——这种石头的磁性比较弱，而且每块磁石的磁场方向不同，磁场强度大小不一，因此要想让磁石门的安检效果更好，或许古人对于磁场的叠加也有感性的认识并有初步的应用，但这尚无法具体考证。

五、制作一个简易指南针

准备材料：磁铁和铁针或制作好的小磁针、一片小木片（或灯芯草）、一根细线、一杯水。

制作步骤：

①将磁针搁在桌面上，然后用一根细线系在磁针的中央，确保可以自由转动；

②将小木片（或灯芯草）放在水中，让它浮在水面上；

③把磁铁和细线的组合轻轻放在小木片或灯芯草上；

④等待一段时间，直到磁针停止摆动并指向一个方向。

六、结语

磁现象，这一自然界中的奇妙力量，自古以来便引起了人类的好奇与探索。从磁石的神秘吸引，到司南的智慧应用，再到现代磁科技的飞跃发展，磁现象不仅揭示了自然界的基本规律，也极大地推动了人类文明进步。我们对磁现象的理解和利用，是开启未来科技大门的关键。随着科学的不断探索，磁现象将继续为我们揭示更多宇宙奥秘，引领科技迈向更加辉煌的未来。

第 4 讲

淬火千锤后的转化与重生

我国古代钢铁发展的特点与其他各国不同。世界上长期采用固态还原的块炼铁和固体渗碳钢，而在中国铸铁和生铁炼钢法一直是主要方法。由于铸铁和生铁炼钢法的发明与发展，中国的冶金技术在明代中叶以前一直居世界先进水平。《天工开物》五金篇记载了明代以前我国先进的冶金技术，在讲解冶金方法的过程中，出现了对比重、熔点等物理知识的应用。

一、我国古代先进的冶金技术

我国古代炼钢技术至迟发明于春秋晚期。从先秦到西汉中晚期，主要制钢工艺是块铁渗碳法；汉代到明清，主要是炒钢法和灌钢法，其次还有百炼钢法和炒铁渗碳法，汉魏南北朝时还有“铸铁脱碳钢”，汉代还有坩埚炼钢法。炒钢工艺主要生产一般的可锻铁（包括钢和熟铁），灌钢工艺主要生产含碳较高的刃钢，百炼钢是对普通炒钢的再加工。

春秋时期的炼铁方法是块炼铁，即在较低的冶炼温度下，将铁矿石固态还原获得海绵铁后，再经锻打形成铁块。冶炼块炼铁，一般采用地炉、平地筑炉和竖炉三种。铁矿石在温度较高的炼铁炉中高温还原并渗碳，得到含碳量达到3%～4%的液态生铁。战国初期，我国已掌握了脱碳、热处理技术方法，发明了韧性铸铁。

二、《天工开物·五金》中的比重

《天工开物·五金》第十四卷写道：“凡金质至重。每铜方寸重一两者，银照依其则寸增重三钱；银方寸重一两者，金照依其则寸增重二钱。”

这段话的意思是：金是最重的东西，假定铜每立方寸重一两，则银照例每立方寸要增加三钱重量；再假定银每立方寸重一两，则金照例每立方寸增加二钱重量。

冶金，这部分内容多次涉及比重和密度的概念。现代物理概念中的比重也称相对密度，固体或液体的比重为该物质（完全密实状态）的密度与标准大气压下、3.98 ℃时纯水的密度的比值。如金的密度为19.32 g/cm³，则其比重为19.32。同理，银的比重为10.5，铜的比重为8.96。文中分别用银和铜、金和银进行比重，且用到了控制变量法。

三、《天工开物·五金》中的熔点

《天工开物·五金》第十四卷写道："风火力到，礁砂熔化成团。此时银隐铅中，尚未出脱，计礁砂二石熔出团约重百斤。冷定取出，另入分金炉（一名虾蟆炉）内，用松木炭匝围，透一门以辨火色。其炉或施风箱，或使交箑。火热功到，铅沉下为底子（其底已成陀僧样，别入炉炼，又成扁担铅）。频以柳枝从门隙入内燃照，铅气净尽，则世宝凝然成象矣。"

图4-1 熔礁结银与铅

这段话的意思是：如果火力够了，炉里的矿石就会熔化成团，这时的银还混在铅里而没有被分离出来（图4-1）。两石银矿石熔成团后约有一百斤。冷却后取出，放入另一个名叫分金炉或者虾蟆炉的炉子里，用松木炭围住熔团，透过一个小门辨别火色。可以用风箱鼓风，也可以用扇子来回扇。火达到一定的温度时，熔团会重新熔化，铅就沉到炉底（炉底的铅已成为密陀僧样的氧化铅，再放进别的炉子里熔炼，可以得到扁担铅）。要不断用柳树枝从门缝中插进去燃烧照看，如果铅全部被氧化成氧化铅，就可以提炼出纯银来了（图4-2）。

图4-2　沉铅结银

此篇讲述了分离铅和银的冶炼方法，用到了分金炉（图4-3）。分离过程其实就是利用了银的熔点和凝固点比铅的高，从而达到分离银和铅的效果。可见当时对各类金属的熔点和凝固点都有所研究，且在生产生活中已有应用。

图4-3　分金炉清锈底

四、我国古代钢铁冶炼技术

在唐代，中国钢铁的年总产量已达到1200吨，宋朝达到4700吨，明朝最多达到4万吨。在13世纪，中国是世界上最大的铁的生产国和消费国，直到17世纪仍保持着世界领先地位。从汉朝到明朝，我国不仅在钢铁数量上处于领先地位，而且拥有世界上最先进的钢铁冶炼技术。

图4-4 垦土拾锭

图4-5淘洗铁砂

在中国,铁的最早使用也是从陨石中提取的陨铁(图4-4,图4-5),而正式开始铁的生产是在战国时期。但是,在战国时期,铁作为制造兵器的原材料,还不能认为我国已经完全从青铜时代发展到铁的阶段。因为在当时,铁的生产技术尚未成熟。汉朝以后,中国已经掌握了很高的炼铁技术,能够大量生产铁了,这时铁兵器才真正地取代了铜兵器。中国的炼铁技术之所以能够居于世界领先地位,是和自古以来不断地进步分不开的。可以从以下几点得到证实:第一,能够制造1200 ℃以上的高温炉,从而可以对铁进行高温下的精炼。第二,发明了向炼炉输送连续充足空气的装置——风箱,从而实现了高温下的冶炼。第三,中国从古代早就不使用木炭,而是把煤作为炼铁的燃料,这样能很容易地达到高温冶炼的效果。在实践中,汉朝发明了把提炼中的铁用风箱吹入微量元素来控制铁的性质的“炒钢法”,即利用生铁“炒”成熟铁或钢的新工艺,产品称为炒钢。同时,还兴起“百炼钢”技术,从而能够生产质量稳定且含碳量低的生铁和含碳量高的钢。到了晋朝又发明了“灌钢法”,这是中国古代炼钢技术的又一重大成就。采用这种炼铁法炼出的铁为原料制造出来的刀,就是著名的优质兵器——“宿刀”。把加热的铁急剧冷却,以提高硬度的淬火技术,早在中国的古代就为人们所掌握,并被普遍用来提高兵刃的硬度。我国古代还发明了用不同的液体来淬火,从而提高兵刃质量的方式。其中包括用不同河流,不同月份的水。把野兽的尿液和脂肪作为冷却剂,用在淬火处理上,也起到了惊人的效果。此外,中国古代很早就掌握了把加热的铁慢慢冷却处理的回火技术,并广泛用于具有不同用途的兵器的制造中。据《中华百科要览》记载:中国是最早用煤炼铁的国家,汉朝时已经试用,宋、元时期已普及。

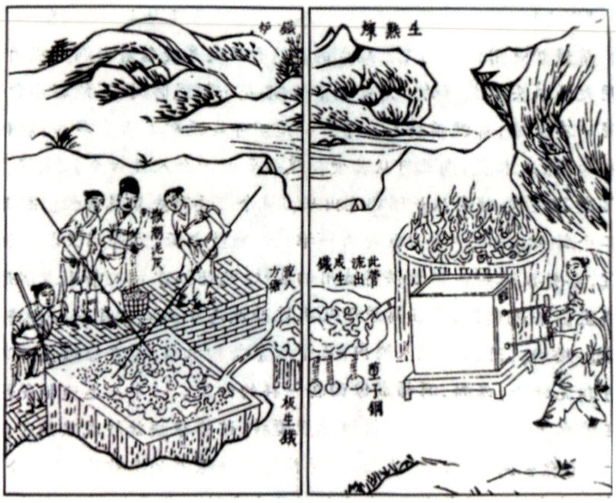

图4-6　生熟炼铁炉

到明代(公元1368—1644年)已能用焦炭冶炼生铁(图4-6)。我国生铁和韧性铸铁的大规模生产促成了生铁制钢的发明。汉代先后发明了以下几种生铁制钢的方法:

(1)铸铁脱碳钢,将含碳3%~4%的低硅铸铁器在氧化气体中加热,在适当条件下,特别是厚度不大的情况下,可以避免石墨的形成。早期炼铁温度较低,含硅量低,石墨析出较慢,有利于脱碳,使制造韧性铸铁的工艺发展成为铸铁脱碳成钢的方法。这种钢称为铸铁脱碳钢,这类钢板可加工成铁镞、环首刀。

(2)炒钢,向熔化的生铁鼓风,同时进行搅拌促使生铁中的碳氧化。用这种方法可将生铁制成熟铁,再经过渗碳锻打成钢。也可有控制地把生铁含碳量炒到需要的程度,再锻制成钢制品。这种钢中含有的硅酸铁夹杂物成分比较一致且数量较少。炒钢技术始于西汉末年,到东汉已相当普及。江苏出土的新莽残剑,徐州出土的建初二年(公元77年)五十炼钢剑,山东临沂苍山出土的永初六年(公元112年)三十炼钢刀等所用的原料都属于这一类型。曹操(公元155—220年)在《内诫令》提到"百炼利器",孙权(公元182—252年)有以"百炼"命名的宝刀。初步可以认为百炼钢是用炒钢反复叠打变形,细化晶粒和夹杂物而成的,甚至可以用不同含碳钢材复合形成。炼数大致相当于反复折叠锻打后最后的层数。炼数增多,表明加工量加大,晶粒和夹杂物进一步细化,质量提高。炒钢技术的发明是炼钢史上的一次革命。

(3)灌钢,中国生铁制钢技术自战国初期到汉朝经过几百年的历程,从块炼铁、渗碳炼钢发展到生铁固体脱碳炼钢、炒钢、炼制熟铁,以及重新渗碳硬化或淬火硬化。在这个基础上,发明了利用液态生铁对熟铁进行扩散渗碳炼钢的方法。这一方法的最早记载于《北齐书·綦母怀文传》,称为"宿铁",后世称为灌钢,又称团钢。这是中国古代炼钢技术的又一重大成就。《天工开物》中铁分生铁、熟铁两种，铁矿石经火炉冶炼出炉后即生铁，炒后为熟铁，生熟相和，炼成便是钢。生铁和熟铁的区别在于含碳量的多少。熟铁经过各种加热后自身的含碳量减少，使得硬度增加。生铁含碳量较高，熟铁含碳量较低。钢的含碳量介于生铁和熟铁之间。钢有韧性，主要用于拉力方面，而铁主要含碳比钢多，韧性不好，所以一般用于受压力方面。

五、结语

《天工开物·五金》中详细介绍了古代中国对于金属冶炼和加工技术的精湛掌握。书中不仅记录了锌的冶炼和锌铜合金的创举，这是在世界科技发展史上都领先的成就，还详细描述了各种金属加工技艺，如铸铁脱碳钢、炒钢、灌钢技术等。此篇中，不仅涉及物理中的比重、熔点等相关知识，书中提到的“天人合一、顺应自然”的观念，在金属冶炼和加工过程中得到了充分体现。古人深知自然的力量和规律，他们尊重自然、顺应自然，从而创造出了与自然和谐共处的金属制品。这种哲学思想不仅体现在金属冶炼上，更贯穿于古代中国整个科技和文化之中。

参考文献

[1]杨维增，译注．天工开物[M]．北京：中华书局，2021．

[2]孙明晶，廖志刚.《天工开物》的现代教学启示[J]．林区教学，2018(11)，92-94.

第5讲

乘风破浪的秘密

我国河流多,海岸线又长,是世界上最先掌握造船技术的国家之一。7000多年前,就出现了独木舟。远在2000多年前的春秋战国时期,我国的南方便建立了专门造船的工场。这时的船舶不仅用于水上运输,而且用于水战,出现了早期的"舟师"。公元前二世纪汉武帝刘彻当政时,造船技术有着很高的水平。在明代《天工开物·舟车》第九卷中记述了船舶制造和与航运相关的知识,记述了我国最早采用的一种航运操纵工具——偏披水板(船翼),总结了我国古代舵工创造的"抢风"(逆风行船)经验,并模糊提出了关于舵和帆的力学原理。在船舶制造和航运经验介绍的过程中,涉及了物理中的力的合成与分解、浮力等相关物理知识。

一、车船的现实意义

《天工开物·舟车》写道:"人群分而物异产,来往贸迁,以成宇宙。若各居而老死,何藉有群类哉?人有贵而必出,行畏周行;物有贱而必须,坐穷负贩。四海之内,南资舟而北资车。梯航万国,能使帝京元气充然。"

这段话的意思是:人类分散居住在各地,各地的物产也是各有不同,只有通过贸易交往才能构成整个世界。如果大家彼此各居一方而老死不相往来,还凭什么来构成人类社会呢?有钱、有地位的人要出门到外地的时候,往往怕走远路;有些物品虽然价钱低贱,却也是生活所必需,因为缺乏也就需要有人贩运。从全国来看,南方更多是用船运,北方更多是用车运。人们凭借车和船,翻山渡海,沟通国内外物资贸易,从而使得京都繁荣起来。

车船是人类社会发展的产物和载体,是人类社会发展过程中逐渐发展起来的,也是人们出行和贸易的必要工具。车船飞速发展至今,规模、种类、驱动形式等都发生了改变,为社会的发展做出了巨大贡献,也烙上了时代的印记,但其用途和属性依然没变(图5-1)。

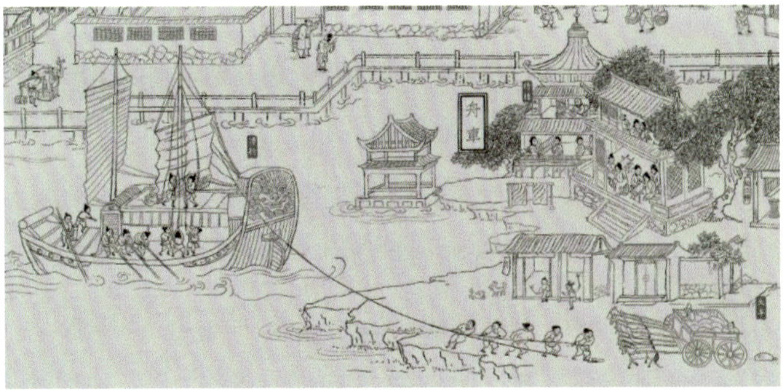

图5-1 舟车

二、我国造船的悠久历史

《天工开物·舟车》写道:“凡舟古名百千,今名亦百千,或以形名(如海鳅、江编、山梭之类),或以量名(载物之数),或以质名(各色木料),不可殚述。”

这段话的意思是:船的名称从古到今都有百千种之多了,有的根据船的形状来命名(比如海鳅、江编、山梭之类的名字),有的按照船的载重量或者船载物的数量来命名,有的依据造船的木质(各种木料)来命名,名称繁多,难以一一述说殆尽。

7000多年前,我国历史上就出现了独木舟。远在2000多年前的春秋战国时期,我国的南方便建立了专门的造船工场。这时的船舶不仅用于水上运输,而且用于水战,出现了早期的“舟师”。据《史记·汉书》记载,当时建造的楼船,“高十余丈,旗帜加其上,甚壮”。楼船的一层楼叫“庐”,二层楼叫“飞庐”,三层楼叫“爵(雀)室”。如果船高十余丈,则船的长度非常可观,至少有几十丈,也就是说,将近一百米长或更长些。这已经和现代的万吨远洋轮相差无几了。难怪当时中国的商船,可以从徐闻、合浦等地出发,远航到苏门答腊(都元国)、印度(黄支国)和斯里兰卡(已程不国)的沿岸,在海上航行达数月之久。公元3世纪,我国已有七桅杆船。15世纪我国航海家郑和七次率领庞大的船队,来往于亚洲、非洲之间。当时最大的船长达133 m,宽54 m。从以上可以看到,我国造船具有悠久的历史,而且早就达到很大的规模和很高的水平。《天工开物》记载当时明朝时期“凡舟古名百千,今名亦百千”,即是说,从古代到当时,船的名称已有几百、几千种。这就充分说明,我国造船工业和技术,自古以来就非常发达,具有悠久的历史。

三、帆船的逆风行驶

《天工开物·舟车》写道:“凡风从横来,名曰抢风。顺水行舟,则挂篷‘之’‘玄’游走,或一抢向东,止寸平过,甚至却退数十丈;未及岸时,捩舵转篷,一抢向西。借贷水力兼带风力轧,下则顷刻十余里。或湖水平而不流者亦可缓轧。若上水舟,则一步不可行也。”

这段话的意思是:利用横风行船,叫抢风。如果是顺水行舟,就可以挂帆按“之”字形或“玄”字形的航线行驶。操纵帆、舵,把船抢向东时只能平过,甚至后退几十丈;船快接近对岸时,立刻转舵转帆,即把船抢向西。借助水势和风力的作用,船一会儿就可行驶十多里。在平静的湖水中,也可以缓慢地逆风行船。如果是逆水,也是逆风,那就一步也驶不动了。

古代帆船行驶的动力要么借助人力,要么借助水势和风力。书中记载的“抢风”,即是逆风行船。关键在于尾舵和风帆的密切配合,必要时还要轮流使用下风一侧的披水板。这样,船就能沿着“之”或“玄”字逆风航行(如图5-2)。

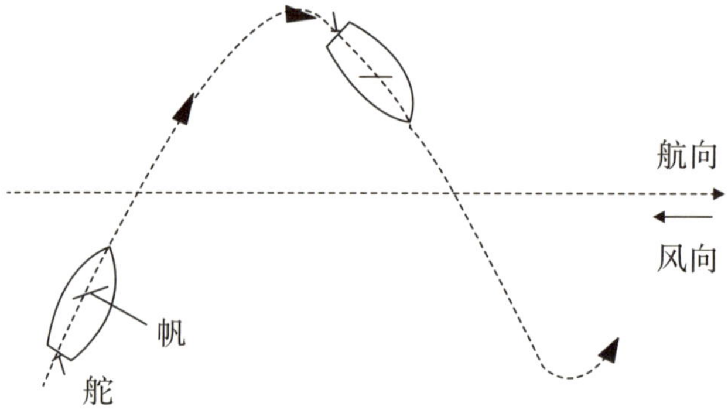

图5-2 抢风示意图

我们知道,无论风向如何,它总能产生一个垂直帆面的压力,这个力推动着船帆。且让我们假定风向为图5-3箭头所指的方向,*AB*线代表船帆。因为风力是平均分布在全部帆面上的,所以我们可以用*R*来代表风的压力,假设它作用在帆的中心。把这个力分解成垂直于帆面的力*Q*和沿着帆面的力*P*。力*P*不能推动帆,力*Q*依着垂直帆面的方向推动着帆。

让我们用*KK′*线(图5-4)代表船的龙骨线。风按箭头所表示的方向成锐角吹向这条线。*AB*线代表帆面,我们把帆转到这样的位置,使帆面刚好平分龙骨的方向和风的方向之间的那个角。再对力*Q*分解,分解成两个力:力*R*垂直龙骨线,力*S*顺着龙骨线指向前面。假设船向着力 R 的方向运动的时候，是要遇到水的强大的阻力的（帆船的龙骨在水里很深，而且还有尾舵和披水板的综合作用），所以力 R 几乎全部被抵消。剩下指向船头的力 S 推动船，因而，船是跟风向成一定角度在前进，好像在逆风里行驶一样。这种运动通常采取“之”字形路线。这里面涉及力学中力的合成与分解的相关知识。

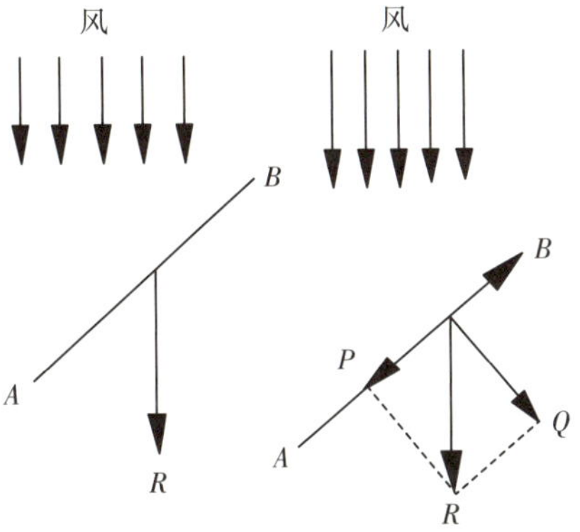

图5-3　船帆受力分解图

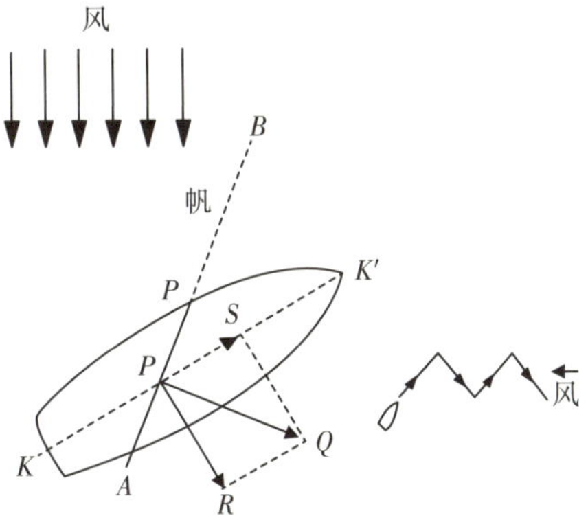

图5-4　船受力分析图

四、《天工开物》记载的船舶与排水量等相关的物理知识

1. 漕舫

《天工开物·舟车》写道：“凡京师为军民集区，万国水运以供储，漕舫所由兴也。”“平江伯陈某，始造平底浅船，则今粮船之制也。”

这两句话的意思是：京都是军民聚集的地方，全国各地都要利用水运向它供应物资，漕船就这样兴起来了。平江伯陈某，最先造平底浅船，这就是今天的运粮船（图5-5）。

图5-5　漕舫

2.海舟

《天工开物·舟车》写道:“凡海舟,元朝与国初运米者曰遮洋浅船,次者曰钻风船(即海鳅)。”“凡遮洋运舡制,视漕舡长一丈六尺,阔二尺五寸,器具皆同。”

这段话的意思是:所有的海船,元朝和明初运米的海船叫遮洋浅船,小一点的叫钻风船,即海鳅。遮洋浅船跟漕船比较起来,长了一丈六尺,宽了二尺五寸,设备相同。

3.杂舟

《天工开物·舟车》写道:“江、汉课舡。身甚狭小而长,上列十余仓,每仓容止一人卧息。首尾共桨六把,小桅篷一座。风涛之中,恃有多桨挟持。”

这段话的意思是:长江和汉江的课船。船身狭长,有十多个舱,每个舱设一个铺位。此船有六把桨和一座小桅帆。在风浪中靠划这六把桨行船(图5-6)。

图5-6　六桨课舡

书中记载的漕舫是指始于秦朝,终于清代的历代封建王朝专运田赋粮的船。特点是底平舱浅,多装快运。可见为了增加船的装载能力,把船底做得很平,从物理的角度来说,在相同的吃水深度下,船排开水的体积更大,排水量更大,浮力更大,就能装载更多的田粮赋税。海舟比漕船船体要更大,设备相同,由于它们功能相同,所以也是“浅船”,在海上行驶,船更大,排水量更大。像舵杆一类的重要部件,“必用铁力木”制作,这一切都是为了船舶安全可靠,能抗拒海涛冲击。杂舟包括江、汉课舡,三吴浪舡,东浙西安舡,福建清流,梢篷船,四川八橹等舡,黄河秦舡等。其中课舡为官府运载税银的船,这种船从功用上说,要求的排水量就小,但为保税银的安全,要求速度快,所以船身狭长以减小阻力,且六桨滑行形成合力,在当时有如快艇,顺风顺水一昼夜可行四百多里,逆水也能行一百多里。后来,“行人欲速者”,也往往租用这种船舶。

这种船当时很受欢迎，使用很广，南从江西，西达湖北，东到江苏，都大量通航。黄河中下游船舶，行驶于浅水中，舱口便做得很浅，以减少吃水，便于航行。川江船舶，常常航行于急流之中，所以“首尾尖狭”，以便于破开险滩处的浪头和急流中的漩涡。

这些船舶都是广大船工在总结丰富的航行经验基础上，经过不断改进，设计制造出来的。这些船型能适应不同航区或航道的特殊要求，并确保船舶的安全、多装、快运。这些船型设计，也完全符合现代流体力学和材料力学的观点。

当时的海船，已普遍使用罗盘，“其何国何岛合用何向，针指示昭然，恐非人力所祖。”从这里还可以看到，这是一种经过改进的航海专用罗盘，不仅可以指向，而且可以指出地，是非常先进的技术之一。

五、结语

《天工开物·舟车》把我国古代造船技术比较全面系统地记载了下来，该书对我国造船技术的发展曾经起过积极作用，现在仍然是一份重要的造船技术历史资料，值得我们借鉴。书中记述的船舶制造和与航运相关的知识，涉及了物理中力的合成与分解、浮力等相关物理知识。同时我们也清楚地看到，广大劳动人民群众是科学技术的创造者。这对于我们今天在科学技术发展道路上，努力攀登科学技术高峰，提供了重要的历史经验。

参考文献

[1]杨维增，译注．天工开物[M]．北京：中华书局，2021.

[2]江西造船厂儒法斗争史研究小组．我国古代造船技术的科学总结——读《天工开物》“舟车第九卷”造船部份[J]．中山大学学报(自然科学版)，1975(02)：40-49.

第6讲

光影徘徊，思接千载

古人在探索光与影的奥秘上展现出了非凡的洞察力与多元化的理解，这种深刻的认识不仅深深植根于他们的日常生活与劳作之中，更跨越了学科界限，渗透至哲学思辨、文学创作以及艺术表现等多个璀璨的文化领域。追溯至遥远的殷商时代，甲骨文“光”字的雏形赫然在目，这一发现确凿无疑地证明了古人早已敏锐地捕捉到了光的存在，并将其与自然界中最为显著的火源及太阳等紧密相连。彼时，“光”字以生动的象形方式呈现——于“人”形之上添置一抹“火”的意象，如图6-1所示，寓意着人类对于光明源自火焰的朴素认知。同时，“昼”字的字形则巧妙地将一个光芒四射的太阳形象融入其中，直观而深刻地揭示了太阳作为当时最为重要光源的不可替代地位，这些都说明了古人已经认识到太阳和火把是当时主要的光源。

图6-1　甲骨文“光”

在古代，墨家学派便已率先垂范，详尽记载了当时人们对光现象的深刻洞察与不懈探索，其不朽之作《墨子》犹如一颗璀璨明星，照亮了中国古代光学研究的黎明，更在全球光学发展的浩瀚星空中占据了先驱者的荣耀席位，引领着后世探索的航向。

墨子所构建的光学体系，根植于朴素而严谨的实验验证与细致入微的自然观察，他不仅精准地描绘了诸多几何光学的奇妙景象，更从纷繁复杂的经验中提炼出普遍适用的光学法则，这些成就较之古希腊欧几里得的相关研究，早了一个多世纪。

对此，国际知名科学史家李约瑟教授在其权威著作《中国科学技术史》的物理篇章中给予了高度评价，他明确指出，墨家对光学的初步探索“远早于我们所知的希腊成就”。《墨子》中关于光现象的记载，其广度与深度均令人叹为观止，它们不仅是墨家学派在光学领域卓越智慧的结晶，还为中国古代科学的发展注入了不竭的动力，奠定了坚实的基础，其影响之深远，跨越时空，历久弥新。

一、影子的形成

《墨子·经下》写道：“景不徙，说在改为。”

这句话的意思是：影子不移，是所谓没改变的结果。

《墨子·经说下》写道：“景：光至，景亡；若在，尽古息。”

这句话的意思是：光线到达阴影（像）之处，阴影（像）就消失了。阴影（像）如果一直存在，则光线必然中止于成影的物体上。

这两段论述深刻揭示了光与影之间错综复杂而又微妙的关系，并深入剖析了阴影动态变化的物理本质。在古代，“景”为“影”的前身，寓意着光线与物体相遇后所留下的痕迹。阴影的产生，依赖于两个不可或缺的条件：其一，必须存在能够发出光芒的光源；其二，需要有能够阻挡光线的物体存在。

想象一下，如果太阳和一棵树都不动，那树在地上的影子也就一直不动。但是，如果太阳动了，或者树摇了，你就会看到地上的影子也跟着变来变去，好像影子自己在走路一样。

《墨子》这部古代智慧的结晶，精准地捕捉到了这一现象背后的物理真谛。它指出，实际上并非阴影本身在移动，而是一个连续不断、瞬息万变的过程在悄然上演：新生成的影子不断涌现，而旧有的影子则逐渐消逝。这一过程之快，以至于我们的感官难以捕捉其间的细微差别，从而产生了阴影在移动的错觉。

以飞翔中的鸟儿为例，当我们仰望蓝天，目睹其阴影在地面上缓缓滑行，这其实是人眼特有的视觉暂留效应所致。它让我们错误地认为是阴影在主动移动，而实际上，只是新的影子在不断地替换旧的影子。

二、重影现象

《墨子·经下》写道："住景二，说在重。"[1]《墨子·经说下》记录："景：二光夹一光，一光者，景也。"这两句话的意思是："一个物体有两个影子即本影和副影，二者是相互重叠的。""影子，由两个光源点发出的两束光互相交叉地照射一个物体，其中一束光照射一个物体，这时便形成一个影子。"

这两条论述详尽阐述了重影现象的复杂面貌及其背后的科学原理，明确区分了本影与半影这两个核心概念。在此语境下，"景"一词依旧指代阴影，特指光线被物体阻挡后形成的暗区。当两个或多个阴影相互交织、重叠时，这一区域被特别定义为重影，它不仅是视觉上的叠加，更蕴含了光的微妙变化。

具体而言，在光学领域，重影中最为核心且暗度最深的区域被称为物体的本影，它直接反映了光线被完全阻挡的效果。而相较于本影，那些暗度较浅、边缘模糊的区域则被称为半影，如图6-2所示（图中S_1与S_2代表两个独立的光源），这种双重阴影的叠加现象，正是"住景二，说在重"这一表述所深刻揭示的。

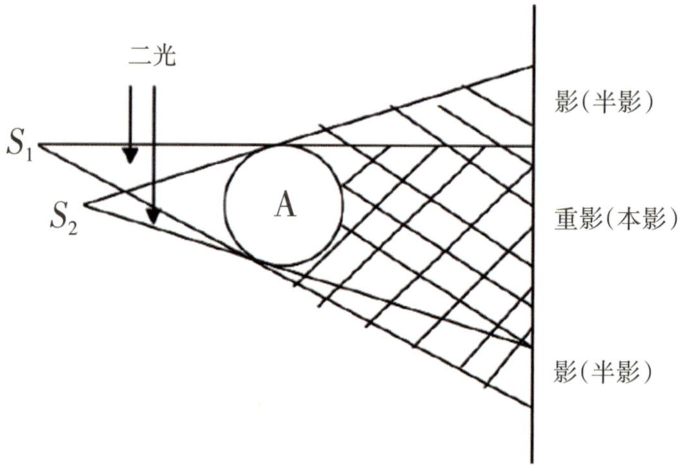

图6-2　重影现象原理图

《墨子·经说下》作为古代智慧的瑰宝，进一步深入剖析了重影形成的根本原因，即"二光"的并存与相互作用。文中指出，当两个光源（二光）同时照射同一物体时，它们各自产生的阴影会相互夹持，其中一个光源的阴影（一光者，景也）便处于这种双重夹持之中，从而形成了我们所见的重影现象。这一论述不仅精练地概括了重影的成因，还巧妙地揭示了光与影之间复杂而精妙的相互作用关系。

三、小孔成像

《墨子·经下》写道："景到在午，有端与景长，说在端。"

这句话所阐述的原理非常有趣，即当光线相互交错，并巧妙地穿过一个细小的孔洞（如小孔或屏幕上的针孔）时，它们会在另一侧的屏幕上会聚，形成一个与原始物体相对应的倒立影像。而关于这个影像的尺寸大小，并非随意而定，而是紧密关联于小孔相对于物体以及最终成像位置之间的精确关系。

《墨子·经下》写道："景；光之人煦若射，下者之人也高，高者之人也下。足敝下光，故成景于上；首敝上光，故成景于下。在远近有端，与于光，故景障内也。"

这段话的意思是：光线自光源出发，直至人体，其路径近乎直线。当光线从下方照射人体时，其在内屏（如小孔成像的屏幕）上的投影位置会偏高；反之，若光线源自上方，则在内屏上的投影位置相应偏低。人的头部遮挡了照射到身体上半部分的阳光，因此头部的影子会自然而然地投射到内屏的下部；同理，脚部遮蔽了身体下半部分的阳光，其影子则落在内屏的上部。无论远近，只要存在小孔，就能在内屏上形成影像，如图6-3所示。

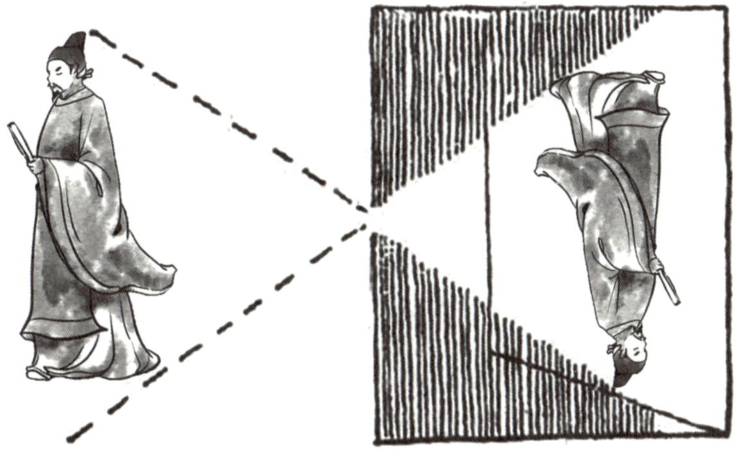

图6-3 小孔成像图

这两段阐述深刻揭示了小孔成像的奇妙现象及其背后的科学原理，它们与先前讨论的阴影现象共同构成了光沿直线传播理论的基础篇章。在此，"景"一词既可视为"阴影"，也可直接理解为成像的"像"；"到"字巧妙地蕴含了"倒"的意象，预示着影像的颠倒；"端"即指细微之"点"，特指位于屏幕中央的针孔；"午"则形象地描绘了光线交织如织网的景象，即光线的交错会聚。

“景到在午，有端与景长”一语道破了小孔成像的奥秘：物体之影之所以呈现倒立的姿态，全因那屏幕上细微的小孔，且孔径愈小，所成之影愈发清晰分明。

而“光之人煦若射”则以生动的比喻，将光线穿过针孔的过程描绘得如同利箭离弦，直指目标，强调了光线传播的直线性。接下来，通过对光线照射路径的细腻描绘，我们得知：源自物体下方的光线，在穿过小孔后，会投射到屏幕的高处；反之，来自物体上部的光线则会抵达屏幕的下方。这一自然现象，巧妙地解释了为何人的脚部会出现在屏幕上方，而头部则位于下方——人的脚步虽低，却遮蔽了下方的光线，使得其影反而在高处显现；头部高耸，遮蔽了上方的光线，因而其影投落在下方。如此奇妙的视觉反转，正是小孔成像原理的生动展现。

四、光影变化规律的认识

光与影之间错综复杂的关系，是《墨子》一书中关于几何光学的精髓。首先，《墨子》开创性地分析了光与影的动态关系，提出了“景不徙”的深刻见解，即运动物体的影子看似移动，实则是由新旧影像连续更迭造成的错觉，而非影子本身的移动。这一观点不仅挑战了直观感知，更为后世的光学研究奠定了哲学基础，名家学派更进一步，以“飞鸟之影未尝动”的命题深化了这一思想。

随后，《墨子》又探讨了本影与半影的形成机制，并指出：多个点光源的复杂照射会导致本影与半影的产生，而单一点光源则仅形成本影。通过对这些投影重叠现象的细致分析，墨子揭示了光与影之间复杂的几何关系，为理解光的多重照射效应提供了宝贵的理论支持。

此外，《墨子》还进行了具有开创意义的小孔成像实验，不仅记录了这一不易直接观察的实验现象，还深入剖析了小孔成像的原理。他明确指出，光线以直线方式传播，通过小孔形成的像是倒立的，且像的大小与物体的位置、光源的远近紧密相关。这一发现不仅展示了光的直线传播特性，也为后世的摄影术、望远镜等光学技术的发展提供了灵感。

无论是古人对光现象的敏锐观察，还是后人对光学原理的持续探索，都充分展现了光在透明介质中传播的特性，尤其是其在同种均匀介质中沿直线传播的规律。这一规律不仅解释了小孔成像、影子形成等日常现象，还成为构建现代光学理论体系的基石。为了更直观地描述光的传播路径和方向，人们引入了“光线”这一概念，即以带箭头的直线来表示光的传播轨迹，极大地促进了光学理论的教学与研究。

五、光影变化规律的应用

光影变化规律在古代得到了广泛的应用，这些应用不仅体现了古代人们的智慧，也为后来的科技发展奠定了基础。以下是光影变化规律在古代的一些应用。

1. 计时工具——日晷

古代人民利用光影变化规律，发明了日晷来计时，如图6-4所示。日晷通过在地面上竖直地栽一根木杆（称为“晷针”），观察随着太阳高度变化投在地上的杆影长度的变化，以此来标出时间的早晚。这种计时方式简单而有效，是古代人们对光影变化规律深刻理解的体现。

图6-4 日晷

2. 天文观测——窥管

在天文仪器上安装窥管，利用光影变化规律原理观察天象，测量恒星的位置。这是古代天文学家对宇宙进行探索和研究的重要手段。

3. 传统表演艺术——皮影戏

汉朝初期，人们利用光影变化发明了皮影戏，如图6-5所示。艺人们用纸剪的人、物在白幕后表演，并用光照射，使得人、物的影像映在白幕上，幕外的人就可以看到影像的表演。这种表演形式既生动又有趣，深受人们喜爱，并在宋代非常盛行，后来还传到了西方，引起了轰动。

图6-5 皮影戏

六、动手做——回味古老的小孔成像

准备材料：剪刀、卡纸、双面胶、铅笔、直尺、透光性很好的薄纸、针。

制作步骤：

①在卡纸上画一个边长约6 cm的正方体展开图。

②将卡纸上的正方体展开图剪下，由于最终的正方体只需5面，因此，f面也一并剪掉，同时在c面正中央用针戳一个小孔。注意在b、d面边缘处适当留出一定余料供粘贴使用。

③将剪好的正方体展开图用双面胶粘成一个正方体。

④在开口面（c面对面）粘贴一张透光性好的薄纸。

⑤将做好的正方体薄纸面正对阳光或光源处，在薄纸前方适当距离处比一个手势动作，眼睛在c面的小孔处观察，即可观察到与所比手势相倒立的像。

【安全提示】用针戳小孔的时候，请勿戳到手；观察时注意防止阳光刺伤眼睛。

① 小孔成像仪（步骤1）

② 小孔成像仪（步骤2）

③ 小孔成像仪（步骤3）

④ 小孔成像仪（步骤4）

七、结语

墨子，作为春秋战国时期的杰出思想家与科学家，其对光现象的记录与探索，无疑是古代中国自然科学领域的一颗璀璨明星。他的观察之细腻、研究之深入，不仅突破了时代的局限，更在光学这一古老而神秘的学科中留下了不可磨灭的印记。在那个没有现代光学仪器辅助的年代，他凭借敏锐的直觉和严谨的实验态度，发现了光与影的变化规律。这一发现，不仅为后续的光学研究奠定了坚实的理论基础，更直接启发了诸如日晷、皮影戏等古代科技应用的诞生，展现了光学原理在日常生活与生产实践中的广泛应用价值。

更为难能可贵的是，墨子在光学领域的成就并非孤立的，而是与他深厚的哲学思想、科学方法论紧密相连。他倡导通过观察和实验来认识自然规律，这种科学精神为中国古代科技的发展注入了强大的动力。他的观察与研究不仅为后来的光学研究提供了宝贵的理论基础和实验依据，墨子也以其独特的科学精神和方法论鼓励后人迈上不断探索未知、追求真理的征途。

参考文献

[1]方勇，译注．墨子[M]．北京：中华书局，2015.

[2]傅奠基，郭龙先，刘燕．“鸟影命题”的经验证据与哲学争论[J]．昭通学院学报，2024，46(02)：95-105.

第7讲

拓荒土地丰饶，耕耘岁月静好

犁和耙，是人类早期耕地的农具。大约在商代人们就使用耕牛拉犁，最初的犁为木身、石铧。铁器发明之后，将石铧改为铁铧。犁是中国农耕时代的产物，远在2000多年前西汉的农具图谱中，便有木犁的记载（图7–1）。那时农民制造的木犁，已经达到了相当的高水平。苍南县虽然没出土过商周时代的犁耙，但矾山埔坪等10多个地方，已出土过新石器时代的石斧、石刀等。

图7–1 犁

犁最早由人力拉，后用畜力（如牛等）牵引（图7–2）。犁下端有用于翻土的铁器“犁铧”，略呈三角形，也称“犁头”。犁，无论是入土角度，还是翻土曲线的牵引点的选择，都完全符合力学原理。耙，是在一支横的长料上，加几支竖直的短料组合起来，短料通常称“耙齿”。耙齿之间的距离10~20 cm不等。《西游记》中，二师兄猪八戒所用的兵器，就是由这种农具变化而来的。

图7-2 畜力(如牛等)牵引

一、压强的实践

《农政全书》写道:“犁以起土,惟深为功,耙以破块,惟细为功。”

这句话的意思是:犁是用来翻起土地的,其功效主要在于能够深入土中;而耙则是用来破碎土块的,其功效主要在于能够做得细致入微。

犁要深入土中,除了需要一定的力量外,更重要的是要有足够的压强。压强是力与面积的比值,因此,当我们在使用犁的时候,通过集中力量在一个较小的面积上,即减小与土壤接触的面积,可以增大压强,使犁更容易深入土壤,达到深耕的效果。“耙以破块,惟细为功”,这句话表面上看起来与压强没有直接的关系,但实际上,耙的工作也涉及压强的应用。在破碎土块的过程中,耙的齿部需要与土块接触并施加一定的力量。为了使力量能够有效地作用于土块,耙的设计通常会考虑到齿部的形状、排列和密度,以确保在施力时能够产生足够的压强,从而使土块能够有效地被破开。

《齐民要术》中也提及类似的应用对耕种产物的影响,《齐民要术》写道:“及种,人牛功力既费,而收谷更少。隆乃教作耧犁,所省佣力过半,得谷加五。”正是因为有了这样先进的耕作方式,农作物的收成增加了五成。

从考古资料得知,汉代以前的犁都是直辕犁,汉代的直辕犁很长,有的用一条牛拉曳,有时用两头牛拉曳。中国的耕犁在此时已大体齐备,在操纵直辕犁时,耕作人很费力,由于各力都不稳定,耕作时,耕作人还要不断地调整自己的力量,可见直辕犁的耕作不仅费力,而且很不方便。随着时间的推移,人们经过不断地调整,利用这些原理制作出了各种类型的犁,标志着犁有了长足发展并趋于定型。例如,耧犁的设计和使用,就充分考虑了土壤、种子和劳动力之间的相互作用。犁头的形状和材质选择,使得其与土壤的接触面积减小，从而增大了压强，使得犁头更容易深入土层，通过改变土壤受力的情况，使播种更加均匀、深入，从而提高了种子的发芽率和生长环境的质量。这种对力的合理利用，实际上就达到了增加压强、提高效果的目的。

二、力学与犁和耙的关系

《农政全书》写道："犁首之形与角，致牛或其他动力向前曳犁之力，分为二：一力斜下，深入土中，使犁得以顺利切入；另一力上翻，将土扬起，覆盖杂草等物。"

这段话的意思是：犁头的形状和角度设计，使得牛或其他动力向前拉犁的力量被分解为两部分：一部分力量斜向下，深入土壤中，使得犁能够顺利切入；另一部分力量则向上翻起，将土壤扬起，覆盖住杂草等杂物。

犁在使用时牵扯到多种力。土壤会对犁体曲面和犁铧刃口产生作用力，这包括作用力与反作用力、土壤阻力和摩擦力。首先，作用力是土壤对犁体曲面和犁铧刃口产生的力，这些力推动犁体在土壤中前进。而反作用力则是犁体对土壤的切削和推动作用，使得土壤被犁开和破碎。其次，犁在使用时也受到土壤阻力的影响，土壤阻力是犁在耕作过程中需要克服的主要力量，它涉及犁体曲面、铧刃锋锐程度、耕深和耕宽、土壤物理学性质以及机组速度等多个因素。此外，犁的使用还涉及摩擦力的原理，犁与土壤之间的摩擦力是耕作过程中最主要的摩擦力来源。当犁在土壤中行进时，土壤颗粒与犁的底部和侧面产生摩擦，这种摩擦会阻碍犁的前进，并消耗大量的能量。为了减小这种摩擦力，人们通常会优化犁的设计，使其底部更加光滑，减少与土壤的接触面积。同时，选用耐磨、抗摩擦的材料制作犁的表面，也能有效减小摩擦力。

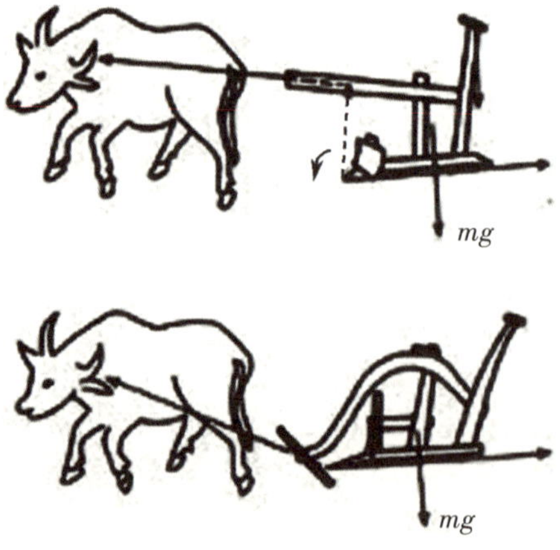

图7-3　牛犁地受力示意图

《农书》写道："耙，乃用以整治田畴之器也。古之农夫，持此以平壤土，疏土块，俾地得平实，播种得宜。"

这段话的意思是：耙，是用来整治田地的农具。古代的农夫，手持耙来平整土壤，疏松土块，使土地变得平整坚实，从而播种得当。

在使用耙时，涉及了力学平衡和力的传递这两个重要的力学原理。首先，在使用耙的过程中，农民需要保持一个稳定的姿势，通过双手握住耙柄来控制耙的运动。为了保持平衡，农民需要不断调整自己的姿势和用力方式，使得作用在耙上的力能够平衡地分布到整个耙体上。这样，耙才能平稳地在地面上滑动，达到平整土地或疏松土壤的效果。其次，我们来看力的传递。当农民用力推动耙柄时，这个力会通过耙柄传递到耙体上，再由耙体传递到地面上。在这个过程中，力的传递是逐步进行的，每个部分都扮演着传递力的角色。耙的设计使得力能够高效地传递到地面上，从而实现对土壤的平整或疏松。

三、动能与势能的体现

《四民月令》写道："于耕耨之际，犁之位因耕深之异而有所更易。"

这句话的意思是：在耕田和锄草的过程中，犁的位置会根据耕地的深度不同而有所调整。

早在古代，人们就已经对犁在使用中所涉及的动能和势能有所了解和关注。他们明白通过调整犁的位置和角度，可以有效地利用动能和势能，提高耕作的效率和质量。

当犁在耕作的过程中，人们发现犁的高低以及犁的深入程度会影响到人们的工作效率以及农作物的产量。从物理角度解释，即与犁的动能和势能有关。首先，动能和势能的变化可以帮助农民更有效地翻松土壤，随着犁切入土壤，其动能转化为势能，使得土壤得以破碎和松动。而势能的释放又可以帮助犁更顺畅地向前推进，减少了耕作时的阻力，从而提高了耕作效率。其次，动能和势能的变化使得犁在耕作过程中能够根据不同的土壤条件和耕作需求调整耕作深度。例如，当需要深耕时，农民可以通过增加犁的动能（如加大牲畜的拉力）来增大犁切入土壤的深度；而需要浅耕时，则可以减少动能，使犁在土壤表面进行浅层耕作。通过合理调整犁的动能和势能，以达到优化土壤结构，增强土壤通气性和保水性的目的。深耕可以打破土壤硬层，增加土壤透气性；而浅耕则可以在不破坏土壤结构的前提下，松动土壤表层，有利于作物根系的生长，从而促进农作物的产量。

《农书》写道："其能深翻土壤，使土松而肥，有利于作物之根系伸展，吸取地力。又，犁之操作，可使田亩平整，利于播种与灌溉。再者，犁之使用，能节省人力，提高农耕效率，使农夫得以事半功倍。"王祯在《农书》中强调的犁的使用优点，与动能、势能的转化和利用是密不可分的。犁的使用不仅体现了人类智慧在农业生产中的应用，也展示了动能和势能在自然界中的相互作用和转化过程。

《岭外代答》写道："以两手翻泥，为之一进，迤逦而前，泥垄悉成行列。"

这句话的意思是：农民用两手翻动着泥土，每翻一次就向前推进一步，如此连续不断地向前推进，最终使得泥土垄沟都整齐地排列成行。

同理，当农民推动耙进行工作时，耙和农民的手部都具有一定的速度，因此它们都具有动能。这种动能来自农民施加的力，使得耙能够在土地上滑动并平整土壤。势能主要体现在农民举起耙柄准备下压的过程中。当农民将耙柄举起时，由于耙柄和耙体的重力作用，它们具有一定的势能。当农民下压耙柄时，这部分势能会转化为动能，推动耙体在土地上滑动。使用时动能和势能会不断转化，农民通过施加力使耙获得动能，耙在滑动过程中将动能传递给土壤，使其变得平整。同时，农民在举起耙柄时储存势能，然后在下压过程中释放这部分势能，使之转化为耙的动能。这些能量的变化使得耙能够有效地完成土地平整工作。

四、杠杆原理的运用

有关耙的介绍，《耒耜经》写道："前端常锐利，兼具斜角之姿。"这句话的意思是：耙子的前端设计有助于土壤的破碎和翻转。前端通常较为尖锐，并且具有一定的倾斜角度。这方便耙子在土壤中切入并翻转土层，犁使用时的最佳搭档是耙，耙主要由耙齿、耙把和耙杆组成，其中耙齿是耙的关键部分，负责将土壤翻松。耙的使用原理主要是通过耙齿的旋转和切割作用来松土、耕作和平整土壤。当使用耙时，我们握住耙把，用力将耙杆往下压，使耙齿插入土壤中。在这个过程中，耙杆作为杠杆，耙把是动力点，耙齿是阻力点。耙的长柄作为杠杆的力臂，而使用者推动或拉动耙的力则是作用在杠杆上的力。通过调整力臂的长度（即调整手握耙柄的位置），使用者可以控制所需的力和耙齿与地面的作用效果。由于耙杆的设计使得动力臂（耙把到支点的距离）大于阻力臂（耙齿到支点的距离），较长的力臂需要较小的力来移动耙，但可以减少耙齿对地面的压力；而较短的力臂则需要较大的力，却可以增加耙齿对地面的压力。因此，我们可以利用较小的力量就能使耙齿深入土壤，实现翻土的目的，从而提高工作效率。

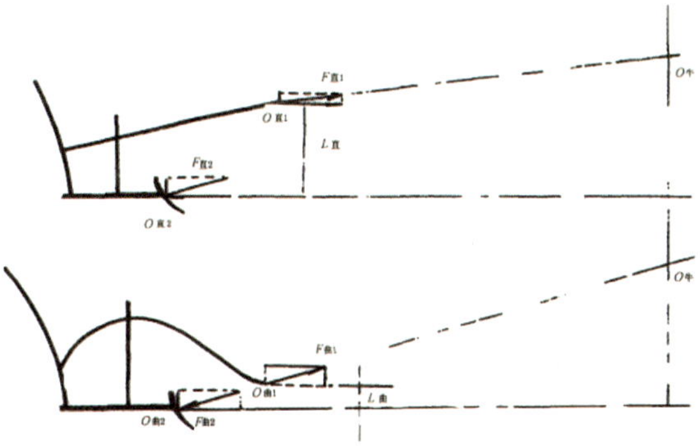

图7-4 耙齿翻土受力示意图

《齐民要术》写道："耕之际，农夫振耙以碎壤、耙田，耙锋之疾行与坚质，并铸其力之强弱也。"

这句话的意思是：在耕作的时候，农夫挥动耙头来破碎土壤、平整田地，耙头的快速运动和坚硬质地共同决定了其力量的大小。

耙的设计也考虑到了杠杆原理的应用。例如，耙齿的长度和排列方式、耙臂的结构等都会影响到耙的工作效率和使用效果。通过合理的设计和调整，可以使耙在使用过程中更加省力、高效。在耙的使用中，农民握住耙柄的位置可以视为杠杆的支点，而耙齿与土壤的接触点则是力的作用点。农民可以调整握住耙柄的位置，改变杠杆的支点。支点离耙齿越远，农民施加的力将越大，但耙齿对土壤的作用力也将增大，适用于需要深度翻土的情况。反之，支点离耙齿较近，则适用于浅层平整。农民通过施加在耙柄上的力，使得耙齿能够深入土壤并进行翻土或平整工作。这里，耙柄起到了杠杆的作用，它放大了农民施加的力量，使得耙齿能够更有效地完成工作。

五、制作一个简易犁

准备材料：一根长木棍、一块金属板、一些铁丝和一个手柄。

制作步骤：

①切割木棍：将长木棍切割成合适长度，作为犁的手柄。

②制作犁头：将金属板切割成三角形，作为犁头。

③安装犁头：将犁头固定在木棍的一端，可以用铁丝进行固定。

④制作扶手：从木棍的另一端开始，用铁丝制作一个扶手，以便于控制犁的方向。

⑤测试：完成制作后，可以在松软的土地上进行测试，检查犁的效果。

六、结语

作为农业生产的基本工具——犁和耙，它们的出现极大地提高了土地的耕作效率。随着技术的发展，先进农具为农业生产带来了更高的效率和更好的效果，尽管先进农具具有诸多优势，但犁和耙作为传统农具，在某些方面仍具有独特的价值，也承载着丰富的农耕文化和历史价值。它们代表着古代农民在农业生产中的智慧和创造力，是农耕文明的重要组成部分。通过使用传统农具，农民不仅能够完成农业生产任务，还能够传承和弘扬农耕文化，增强对土地和自然的敬畏和感恩之情。因此，在推广先进农具的同时，我们也应该珍视和保护传统农具的文化价值。

参考文献

[1]周昕．中国农具通史[M]．济南：山东科学技术出版社，2010.

[2]中国人民政治协商会议河北省唐山市曹妃甸区委员会编．在民间 1——老物件[M]．北京：新华出版社，2022.

[3](北朝)贾思勰．齐民要术译注(上)[M]．缪启愉，缪桂龙，译注．上海：上海古籍出版社，2021.

[4]郭志猛．中国历代科技史(彩图版)宋辽金夏科技史[M]．上海：上海科学技术文献出版社，2022.

[5]谈琪．壮族土司制度[M]．南宁：广西人民出版社，1995.

[6]中国历史博物馆馆刊编委会．中国历史博物馆馆刊 1979 总第 1 期[M]．北京：文物出版社，1979.

第8讲

神奇的幕后魔法师

"温度与物态变化"作为热学领域的重要基石，其涵盖的内容丰富且意义深远。温度，作为一个精准衡量物体冷热程度的物理量，在我们的日常生活中扮演着至关重要的角色。而物态变化，这一神奇的物理现象，更是与我们的生活紧密相连。从霜、雪、露、雾的形成到食品的保存，从农作物的生长到工业生产的流程，物态变化以及温度在其中的影响无处不在。当我们深入探究环境保护、能源利用、日常生活以及工农业生产等诸多领域时，会惊奇地发现，温度与物态变化的知识如同隐藏在幕后的魔法师，默默发挥着巨大的作用。

《齐民要术》这部古籍中有关农作物生长与贮藏等方面的描述，宛如一把钥匙，为我们开启了一扇通往古代物理知识应用的神秘之门。其中，对于霜、雪、冰等自然现象对农作物的影响，以及食品在不同温度条件下保存方法的记载，都蕴含着深刻的物态变化物理知识。这些看似简单的文字，实则是古人智慧的结晶，它们见证了古代劳动人民在长期的生产实践中对自然规律的敏锐观察和巧妙运用。

一、温度

藏梨法

《齐民要术·藏梨法》写道："初霜后即收。霜多即不得经夏也。于屋下掘作深荫坑，底无令润湿。收梨置中，不须覆盖，便得经夏。"

这段话的意思是：初霜过后，需赶快收摘。经霜次数过多，便无法留存至夏天。在屋里挖掘一个不见光的深坑，坑底务必保持干燥。将梨放置其中，无须遮盖，便能留存至明年夏天。摘梨之时，务必小心接住，防止梨掉落碰伤，如此便易于保存。

地窖能够储藏瓜果的一大主要原因是地窖处于地下深处，受季节与气候影响较小，温度维持在4℃至10℃之间。夏天相对而言温度较低，冬天又能起到保暖作用，有助于食物存储。

在物理学中，仅凭感觉判断冷热并不可靠，温度这一物理量能够精准描述物体的冷热程度。温度的常用单位为摄氏度（℃）。常温通常指25℃左右，而冰箱温度处于0～10℃，一般而言，蔬菜水果的最佳存储温度为0～5℃，肉类的最佳存储温度为0～2℃。显而易见，常温下食物不易保存，然而在古代，地窖这一“冰箱”便妥善解决了食物存放的难题。

作酪法

《齐民要术·作酪法》写道：“牛羊乳皆得。别作和酪者，于六月中杀羊，取肉生埋之，经宿，酪成。与酒功同。”

这段话的意思是：牛奶和羊奶都可以（用来制作相关食品），如图8-1制作好的奶酪。另外一种制作和酪的方法是，在六月的时候杀羊，把羊肉生埋起来，经过一夜，酪就制成了，这和酒的制作功效是相同的（都是通过发酵等过程）。

图8-1　奶酪

这里虽然没有详细描述温度在其中具体起到的作用以及物态变化的过程，但可以推测出，当时人们通过实践发现，在六月的环境温度下，但通过“经宿”（经过一夜）这种时间的表述，暗示了在一定的环境温度下，将生羊奶埋起来经过特定时间的发酵，能促使酪形成。可以看出当时人们已经意识到温度和时间在制酪过程中的重要性。

作豉法

《齐民要术·作豉法》写道：“先作暖荫屋，坎地，深三二尺。屋必以草盖，瓦则不佳。密泥塞屋牖，无令风及虫鼠入也。开小户，仅得容人出入。厚作藁篱，以闭户。四月、五月为上时，七月二十日后、八月为中时。余月亦皆得作，然冬夏大寒大热，极难调适。”

这段话的意思是：先建造温暖的荫屋，在地上挖坎，深两三尺。屋子一定要用草盖顶，用瓦就不太好。用泥密封屋子的窗户，不要让风和虫鼠进入。开一个小门，仅能让人出入。厚厚地制作草篱笆，用来关闭门户。四月、五月是最好的时候，七月二十日以后、八月是中等的时候。其他月份也都可以制作，然而冬夏时节非常寒冷或炎热，极难调节合适的温度。

在制作豆豉（如图8-2）时，需要一个相对稳定且适宜的温度环境，而这和季节息息相关。四月、五月气温较为适宜，处于一个相对温暖且稳定的状态，有利于豆豉制作过程中对温度的控制。七月二十日后、八月气温也比较合适，但可能相较于四月、五月稳定性稍差一些。而冬季过于寒冷，夏季过于炎热，环境温度的大幅变化会给豆豉制作过程中维持合适的温度带来极大困难。

从热学角度来看，温度过高可能会导致豆豉发酵过程过快、过猛，影响豆豉的品质和口感，甚至可能导致变质等问题；温度过低则会使发酵过程过于缓慢或停滞，无法正常完成发酵。这体现了温度对发酵等生物化学过程的重要影响以及在实际生产中对温度条件进行合理选择和调控的必要性。

图8-2 豆豉

二、物态变化

水于自然界存有三种状态，分别为固态、气态、液态，且水的这三种状态在特定条件下能够相互转化。在物理学中，我们将物质从一种状态转变为另一种状态的变化称作物态变化。《齐民要术》中涉及诸多物态变化。

融化和凝固

《齐民要术》写道：“至春冻解，棘柴曳之，突绝其干叶。须麦生，复锄之。”

这段话的意思是：到春天解冻后，用酸枣柴拖过土地，把干枯的叶子拉断去除。等到麦返青后，再进行锄地。

《齐民要术》写道："冬雨雪，止，以物辄蔺麦上，掩其雪，勿令从风去。后雪，复如此。则麦耐旱多实。"

这段话的意思是：冬天，下雪停止后，需用器具在麦地上辊压，将雪压入地里，防止其随风飘走。再次下雪时，依旧如此操作。如此一来，麦子便能耐旱且果实丰硕。

"至春冻解"即等待春天解冻，解冻便涉及"熔化"这一物态变化。熔化指物质吸收热量从固态转变为液态的过程。春天来临，气温回升，能够提供热量促使冰熔化（图8-3）。同理，下雪后将雪压入土里，便能等待雪融化，为土地提供水分，助力农作物更好生长。

图8-3　冰块融化

与熔化相反的物态变化为凝固，即物质从液态变为固态的过程。凝固过程中会放出热量。比如冬季贮存蔬菜时，可在地窖中放置几桶水，水在凝固过程中会释放热量，此热量可使地窖温度不至于过低，从而避免蔬菜被冻坏。

凝华和升华

《齐民要术》写道："凡五果花盛时遭霜，则无子。常预于园中，往往贮恶草生粪。天雨新晴，北风寒切，是夜必霜。此时放火作煴，少得烟气，则免于霜矣。"

这段话的意思是：杏、李、桃、枣在盛花期遭遇霜冻后便不会结果。通常需提前在果园中四处储备些谷草或者牛粪。刚下完雨天气突然放晴，此时地面和空气中的水分含量相对较高，北风寒冷刺骨，这会导致气温迅速下降，当晚必定会有霜冻。此时点火生烟，稍有烟气，能够使局部近地面空气温度升高，减少霜冻对果树的损害。

这里清晰地展示了温度降低与水汽凝结成霜这一物态变化之间的紧密联系。当气温降低到一定程度时,空气中的水汽就会直接从气态转化为固态,形成霜附着在地面或物体表面。此处提及的霜所涉及的物态变化为凝华。我们将物质从气态变为固态的过程称作凝华,这一物态变化过程需要放出热量。

从物态变化的原理来理解,放火产生烟气,一方面,火的热量可以使周围环境的温度不至于降得过低,起到一定的保温作用,减缓了地面和物体表面温度的下降速度,从而使得水汽难以达到凝结成霜的温度条件;另一方面,烟气中的微小颗粒可以作为凝结核,促使水汽在较高的温度下就开始凝结,而不是以霜的形式出现。这种防霜冻的方法是基于对温度变化和物态变化规律的认识而采取的有效措施。

与凝华相反的物态变化为升华,我们把物质从固态变为气态的过程称作升华,如图8-4为干冰升华,冰没有变成液态水,而是直接从固态冰变成了气态的水蒸气散发到空气中。比如我们在吃鲜货火锅的时候,或者在一些舞台上看到云雾缭绕的场景,其实就是利用了干冰升华变为无色气体(此无色气体我们无法看到),无色气体遇冷液化后形成无数小水珠,形成我们所看到的白雾。

图8-4　干冰升华

这是因为冰虽然温度很低,但周围的空气并非完全干燥,仍存在一定的水蒸气分压力。当冰表面的水蒸气分压力低于周围空气中的水蒸气分压力时,冰就会逐渐失去水分子,以气态形式进入空气中,从而实现从固态到气态的升华过程。

液化和汽化

《齐民要术》中亦涉及众多节气时令,如“立春后,土块散,上没橛,陈根可拔。”“夏至,天气始暑,阴气始盛,土复解。”“浸曲三日,如鱼眼汤沸,酘米。”实际上不同的节气中伴随着诸多物态变化，比如雨水、白露所涉及的物态变化便是液化。我们把物质从气体变为液体的过程称作液化，液化过程伴随着放出热量。我们生活中所见的白雾、露水等皆是水蒸气遇冷液化而成。与液化相反的物态变化为汽化，我们把物质从液体变为气体的过程称作汽化。例如常见的“水洒在地上消失了”，其实便是发生了汽化。

三、做一做

在日常生活中，有许多常见而又有趣的物态变化现象。比如，当我们从冰箱中取出一瓶冰冻的饮料，放置在空气中一段时间后，我们会发现饮料瓶的外壁逐渐出现了一层细密的水珠。这种现象就是典型的液化。其发生的过程是这样的：空气中含有大量的水蒸气，而冰冻饮料瓶的温度非常低，当周围空气中的水蒸气遇到温度较低的饮料瓶壁时，由于遇冷，水蒸气的热量传递给饮料瓶，自身的温度降低，其状态就从气态转变为液态，于是便在饮料瓶的外壁上形成了小水珠。

再如，在烧水的时候，随着水温的不断升高，我们会看到水壶上方逐渐升起一团团“白气”。这其实是汽化和液化共同作用的结果。首先，水壶中的水在受热的情况下，从液态变为气态，发生了汽化现象，形成水蒸气。这些水蒸气在上升过程中遇到周围较冷的空气，水蒸气的热量传递给空气，它自身温度降低，又从气态变为液态，形成了我们所看到的“白气”，也就是液化现象（图8-5）。

图8-5　水蒸气遇冷液化

最后，我们通过观察来描述一个自己在日常生活中看到的物态变化现象，并解释这种变化是如何发生的。

四、结语

通过古籍，我们清晰地看到，物理知识宛如一张无形的大网，紧密地渗透于生产生活的每一个角落。从古代的农业生产到现代的科技发展，物理知识始终如影随形，发挥着不可替代的作用。日常生活中，只要我们保持一颗敏锐的好奇心，用心去留意身边的每一个物理现象，我们就能在看似平凡的生活中发现科学的奥秘。

无论是清晨草叶上晶莹的露珠，还是寒冬窗户上美丽的冰花；无论是烹饪美食时锅中翻滚的水汽，还是空调制冷时房间内温度的变化，这些都蕴含着丰富的物理知识。培养科学思维，就如同为我们的大脑注入了一股强大的动力，让我们能够以更加理性和深入的方式去理解这个世界。

保持对科学的好奇心，我们就能够不断地探索未知的领域，发现更多隐藏在生活背后的科学奥秘。在科技飞速发展的今天，我们更应该珍视古人留下的智慧遗产，同时结合现代科学知识，不断地去开拓创新，推动科学技术向着更高、更远的方向发展。让我们携手共进，在科学的海洋中畅游，为人类的进步和发展贡献自己的力量。

参考文献

[1]（北魏）贾思勰.齐民要术今释[M].石声汉，校释.北京：中华书局，2009.

[2]黄玥，黄紫洋.《齐民要术》中古代农业融入中学化学教学的资源挖掘[J].中学化学，2023，（11）：8-11.

[3]狄洁，杨飞扬.《齐民要术》中农具类词语的整理[J].三角洲，2023，（15）：155-157.

[4]《齐民要术》释读[J].村委主任，2023，（06）：2.

第9讲

识“水”势者为俊杰

《水经注》是北魏郦道元编写的一部内容全面、系统的综合性地理著作。它详尽地记录了一千多条河流以及与之相关的历史遗迹、人物掌故和神话传说等内容。

从古至今，水路运输就是非常重要的物流途径，尤其是在科技不发达的古代，水运能极大程度地节约运输过程中所耗费的人力、物力。

随着技术的进步，人类在水利建设方面积累了丰富的经验。为了保证运河和河道的通航能力，除了常规的疏浚工作外，还需要建设各种辅助性建筑。其中，通航闸是极为关键的工程之一，起到调节水位，改善航运条件的功能，也保证了船只能在不同水位差的水域依然可以顺利航行。

中国古代最早的船闸是灵渠，秦始皇三十三年（公元前214年）凿灵渠，设置陡门，又称斗门（今名闸门）。

一、船闸的工作流程

《水经注·卷五》写道：“顺帝阳嘉中，又自汴口以东，缘河积石，为堰通渠，咸曰金堤。灵帝建宁中，又增修石门，以遏渠口。水盛则通注，津耗则辍流。”

这段话描述的是汉朝顺帝时期在河上修建闸门来保证航道通航的事，为了克服堤坝两侧水位差带来的通行难题，特别设置了船闸系统，现代船闸的设计也遵循类似的原理。船闸的工作流程大致如下：

①当上游的船只欲下行至下游时，如图9-1(a)，首先打开上游的阀门A，让闸室内水位逐渐上升，直至与上游水位一致，如图9-1(b)。

②接着，打开位于阀门A上方的大门，使船只可以平稳地进入闸室，如图9-1(c)。

③船只进入后，关闭上游的阀门A，并开启下游的阀门B，使闸室内水位缓缓下降，最终与下游水位齐平，如图9-1(d)。

④最后，船只便能够安全顺畅地从上游航行至下游，实现了在不同水位之间的安全过渡。

通过这种精妙的设计，船闸有效地解决了因水位差导致的航运难题，无论船只是顺流而下还是逆流而上，都可以安全、平稳地在航道上安全通行。

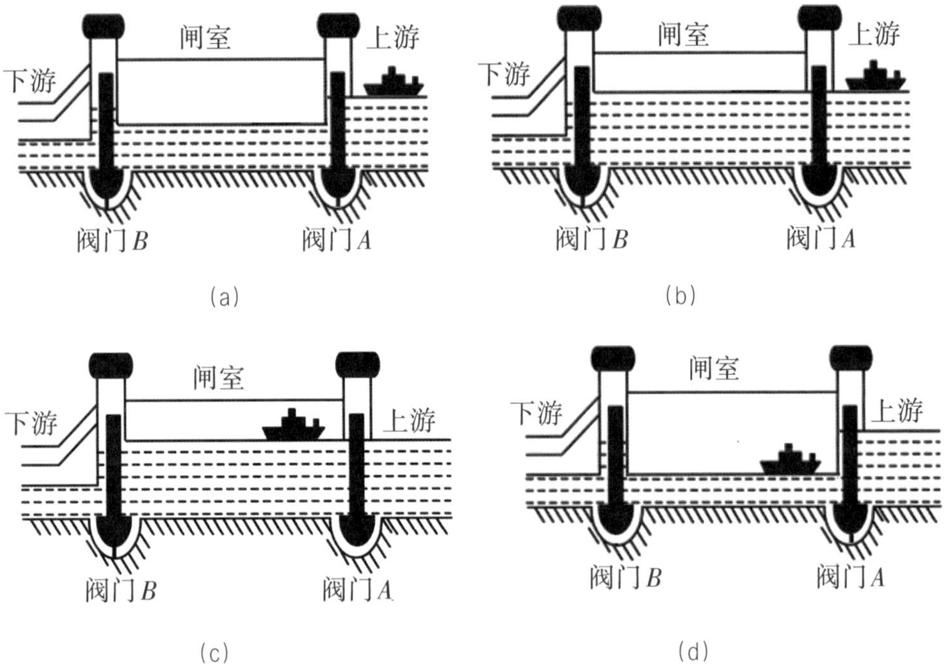

图9-1 船闸工作原理

当水位差过大，无法一步跨越时，多级船闸便应运而生，成为连接不同水位之间的桥梁。其工作原理与普通船闸无异，都是通过封闭的闸室来调节水位，使船只得以平稳通过。而多级船闸的不同之处在于它拥有多个这样的闸室，它们按照水位差的需要，一级接一级地排列，就像山间错落有致的梯田。船只在这样的结构中，可以逐级上升或下降，仿佛是缓慢而坚定地攀登或步下阶梯，直至达到目的地。

在中国，这项技术的代表性杰作便是举世瞩目的三峡双道五级船闸。它不仅是当今世界上最大的多级船闸，更是工程史上的奇迹和人类智慧的象征。这座船闸以其宏伟的规模、精巧的设计和卓越的功能，成了长江三峡地区不可多得的交通枢纽，让无数的船只得以顺利穿梭于三峡水库的上下游之间，保障了长江这条黄金水道的畅通无阻（如图9-2）。

图9-2　三峡双道五级船闸

二、船闸的工作原理

船闸解决了船只在河流上的通航问题，它依据的是什么原理呢？在物理学中，船闸可以被视作一种实际应用中的连通器。所谓连通器，指的是具有共同底部通道且顶部开放的容器系统（如图9-3所示）。其工作原理基于液体的压强特性：当一个连通器内装有同种液体且处于静止状态时，连通器内各个分隔容器中的液面高度将保持一致。

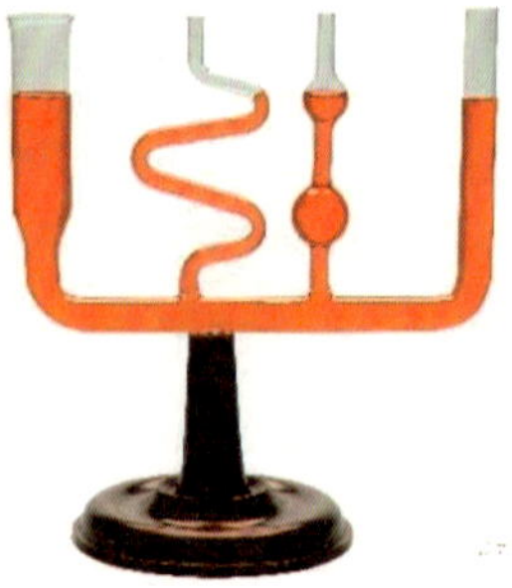

图9-3　连通器

这一现象的原理是液体静压力的特性，即液体中某点的压强仅取决于液体的密度以及该点到液面的垂直深度，公式表示为$p=\rho gh$，其中p是压强，ρ是液体密度，g是重力加速度，h是液体柱的高度。

以连通器底部某一横截液面为研究对象（如图9-4所示），该截面受到来自左右两侧液体的压力F_1和F_2。若此截面保持静止不动，则必须满足$F_1=F_2$。由于选取的截面左右两侧面积相同，压力平衡意味着两边的压强也相等。因此，如果左右侧容器中都是相同的液体，那么在静止状态下两侧的液面高度h_1和h_2必然相等。而如果不相等，连通器内部液体就会流动，最终当液面升高时才可能保持静止状态。

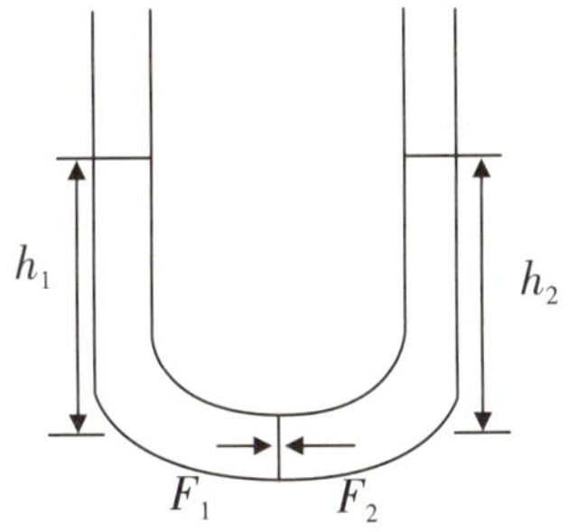

图9-4 连通器原理

三、帕斯卡定律

连通器这一装置的工作原理，其本质是利用了液体压强的特性，而帕斯卡定律能更深入地揭示液体内部压强的特点。

帕斯卡定律，由法国数学家和物理学家布莱兹·帕斯卡提出，是流体静力学中一个基本而重要的定律。该定律阐述了在封闭且不可压缩的液体中，压力的任何增加都会立即传递到液体的每一个部分，而且这种传递是均匀且无损失的。换句话说，无论你在液体的任何一个部位施加压力，这个压力都会瞬间影响到整个液体系统，并且这种压力的变化在液体内部是均等的。

为了更好地理解这一概念，我们可以想象一个装着不可压缩液体的容器，液面用可以移动的活塞密封，如图9-5所示。如果我们在容器左侧的活塞施加一个向下的力F_1，此时液体中增加的压强就会等大地传递到液体的每一处，那么另一端活塞处也会有相同的压强增加量（压强是压力与受力面积的比值），此时就可以得到$F_1/S_1=F_2/S_2$。这是因为在不可压缩的液体中，不能像固体那样变形来吸收外力，而是将力传递给整个流体。

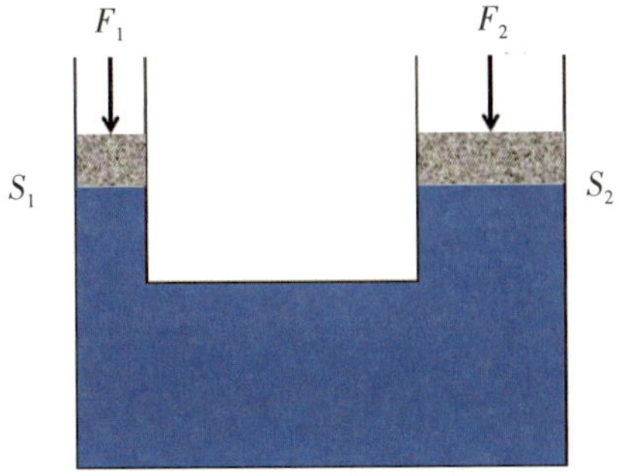

图9-5 帕斯卡定理

因此，在一个平衡系统中，对较小活塞施加的压力所产生的压强增加量会在液体中传递，并在较大的活塞上产生等比例的较大压力。这样，通过一个较小的力作用于小活塞处，就可以产生一个大很多的力，这能给我们的生活带来很大的启发。

这一定律不仅解释了连通器的工作机制，也是现代液压技术发展的理论基础。从简单的家居用品到复杂的工业设备，帕斯卡定律都发挥了核心作用，千斤顶、液压机、液压钳等许多生活中的工具或系统都运用了这一原理。

四、连通器与帕斯卡定律的应用

1.家居生活中的应用——抽水马桶

抽水马桶是家庭中常见的利用连通器和帕斯卡定律的设备。马桶的排水机制通过一个U型的水管连接着下水道，这个U型管通常被水充满，形成一个隔断，阻止下水道的异味返回到卫生间。当冲水时，引入马桶的水会压迫U型管中的水，根据帕斯卡定律，这种压力会均匀地传递到整个水柱上，形成足够的压强推动废物和水一起进入下水道。这一过程中，连通器的特性保证了在静止状态下水位的一致性，而帕斯卡定律则确保了压力的有效传递，使得马桶能够高效地完成排水和清洁工作。

2.工业应用——液压系统

在工业制造和技术应用中，液压系统是帕斯卡定律的一个重要应用领域。液压系统利用不可压缩的流体（通常是油或水）来传递力量。例如，在液压千斤顶中，当小活塞受到压力时，该压力通过液体均匀地传递到大活塞，由于大活塞的面积更大，按照帕斯卡定律，它可以产生更大的力来举起重物。这种设计使得用较小的力就可以控制较大的输出力，广泛应用于机械加工、建筑施工和其他需要大力的场景。

3.医疗装置——血压计

血压计是一个利用连通器和帕斯卡定律原理来测量人体血压的医疗设备。常用的水银血压计包含一个装有水银的柱状容器和一个可充气的袖带。测量时，袖带围绕患者的手臂充气，压迫血管，然后逐渐放气。水银柱的高度变化反映了血管中的压力，这个压力通过连通器内的液体传递并保持均匀分布，使医生可以精确读取血压值。

4. 车辆技术——液压制动系统

现代汽车的液压制动系统也运用了帕斯卡定律。当驾驶员踩下刹车踏板时，这个动作通过制动液传递压力到各个轮胎的制动器上。由于液体内部的压力传递是均匀且即时的，制动系统能迅速响应，并同时在所有轮子上产生制动力，确保了车辆的安全和稳定。

这些例子展示了连通器和帕斯卡定律在现代生活中广泛的应用，从家庭的基础设施到工业生产，再到医疗服务和交通运输，这些物理原理帮助我们更有效地认识和利用自然力量，改善生活质量和工作效率。

五、结语

连通器原理和帕斯卡定律让我们看到了科学原理能够被巧妙转化为工程实践，造福人类社会，这些原理渗透到生活的方方面面，从简单的日常工具到复杂的工业系统，提醒我们，自然界的法则是可以被理解、掌握并利用来改善生活环境的。通过对这些物理定律的学习与应用，我们能够更好地顺应自然、改造世界，创造出更加和谐、高效的生活空间，让我们持续探索科学的奥秘，用知识的力量开拓未来的可能。

参考文献

[1]陈桥驿，译注.王东，补注.水经注[M].北京：中华书局，2009.

第10讲

点点之光，不啻微芒

人类从黑暗蒙昧中走来，渐渐能够利用火来驱赶野兽、照亮环境。早期人们利用篝火来照明，随着人类文明的发展，基于自身需求和外部因素影响，人们又发明了火炬。又因为火炬易受到环境等因素影响不易控制，人们便开始探索更加先进的照明方式。经过实践验证，人们发现了油和蜡是性能较好的照明材料，后来的各种灯具也因此应运而生。

通常以油为燃料的灯具叫作“灯盏”，以蜡为燃料的灯具称为“烛台”（图10–1）。但是，古代烛灯价格高，多为富贵人家所用，张彦晓根据《续资治通鉴长编》的记载计算出宋代平民使用烛灯燃烧蜡烛一晚耗费为50~90文钱。南宋一读书人记录“每夜提瓶沽油四五文，藏于青布褙袖中归，燃灯读书”，说明使用油灯，一晚耗费大约为5文钱。烛灯的耗费大约是油灯的10倍。因此，寒门举子常使用油灯，为了能够更加节省灯油钱，省油灯应运而生。

图10–1　中国古代油灯和烛台

一、省油灯的结构及使用方法

南宋著名诗人陆游在《陆放翁全集·斋居纪事》记载过一种省油灯："照书烛必令粗而短，勿过一尺。粗则耐，短则近。书灯勿用铜盏，惟瓷盏最省油。蜀有瓷盏注水于盏唇窍中，可省油之半。灯檠法，高七寸，盘阔六寸，受盏圈径二寸半，择与圈称者。"这段话的意思是省油灯使用的灯芯要使其粗而短，不要超过一尺。灯芯粗一些，可以燃烧更久；短一些，可以更加接近灯油便于燃烧。灯具材质不要使用铜，而是应该使用陶瓷，因为瓷制灯盏最省油。在蜀地有一种瓷制灯盏，可以将水倒入灯盏的唇窍中，能省去一半的油费。关于灯的悬挂方式，灯檠（灯架）的高度应为七寸，底座的宽度为六寸，灯盏的固定圈直径为二寸半，应该选取与灯盏大小相称的灯檠。

陆游所记载的省油灯指的是如图10-2所示的一种陶瓷制的灯具。这种灯具烧制时形成了浅腹和深腹两种碗形，下部为一深腹杯形或碗形器，上层为一口径与下部口径同样大小的浅腹的盘形或碗形器，中间形成一个夹层，腹侧有一个小孔或小嘴用于注水。按照陆游的记载，使用该灯具时将油放在浅腹碗中，将水注入夹层中，灯芯搭在弓形柄上点燃。灯具还要搭配对应尺寸的灯架来使用，进而契合古代读书者读书时的使用情境，实现照明效率的最大化。

图10-2 省油灯结构示意图

二、省油灯"省油"的物理原理

想要让灯盏更加省油，其根本就是要让灯油尽量得以留存，减少灯油的蒸发。蒸发是指液体在其沸点以下，由于分子间的热运动，部分处于液体表面层的分子获得足够能量逃离液面而转变为气态的过程。

蒸发速度会受到多种环境因素的影响：

①温度：温度越高，蒸发速度越快。这是因为温度升高时，液体分子的动能增加，更多的分子能够克服液体表面的吸引力而逸出成为气体。

②液体的表面积：表面积越大，蒸发速度越快。更大的表面积提供了更多的面积供分子逸出，从而加速蒸发过程。

③液体表面空气流动速度：流速越大，蒸发越快。空气可以带走液体表面的蒸气，从而降低其周围的蒸气浓度，增加蒸发速度。

相比于普通灯盏，省油灯是如何做到减少灯油的蒸发呢？

陆游记载："书灯勿用铜盏，惟瓷盏最省油"。为什么瓷盏会更为省油呢？这可以用物理中导热性能这一知识解释。两个相互接触且温度不同的物体，或同物体的各不同温度部分间在不发生相对宏观位移的情况下所进行的热量传递过程称为导热。物质传导热量的性能称为物体的导热性。物质的导热性能可以用导热系数进行比较。导热系数的定义是指：在稳定传热条件下，1米厚的材料，两侧表面的温差为1开氏度(K)，在1秒内通过1平方米面积传递的热量，单位为瓦/(米·开氏度)，写作：W/(m·K)。导热系数与热阻成反比，也就是导热系数越高，热阻越小，材料的导热能力就越强。通常情况下，固体的导热系数最高，其次是液体，最次是气体。

在省油灯中主要涉及灯芯和灯油之间的热量交换以及灯油、灯盏和水之间的热量交换。当灯芯的一端点燃后，火焰产生的热量会沿着灯芯向下传递。热量传导到灯芯中未被点燃的部分，使得这一部分的灯油加热并开始蒸发。灯油蒸气与氧气混合后在火焰处燃烧，释放出热量和光。燃烧后产生的热量通过热传导使盏中未燃烧的灯油的温度升高，进而使灯盏的温度升高，从而导致灯油的蒸发加快(图10-3)。

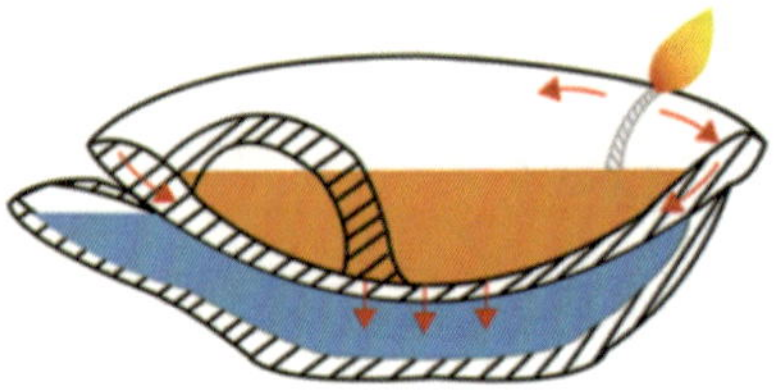

图10-3　省油灯的热传导模式

瓷质灯具最为省油，这是因为铜的导热系数为380~400 W/(m·K)，普通陶瓷的导热系数为0.8~1.4 W/(m·K)。陶瓷材质的导热系数比金属材质的导热系数要小很多，说明陶瓷材质的导热性能较差，隔热性能较好，是较好的隔热材质。由于陶瓷材质隔热性较好，因此陶瓷材质灯具与铜等金属材质灯具相比不易传热，瓷质灯体不易发热，加上夹层清水的冷却作用，灯盏温度相对较低，盏面的灯油挥发速度相对较慢，油耗减少，省油功效增加。

"蜀有瓷盏注水于盏唇窍中，可省油之半。"省油灯比之寻常灯盏多了一个中空的夹层，在夹层中注水后可省油近半。为何注水后就能够省油呢？这就需要了解比热容这个物理概念。一定质量的物质，在温度升高时，所吸收的热量与该物质的质量和升高的温度乘积之比，称作这种物质的比热容，用符号 c 表示。其国际单位制中的单位是焦耳每千克开尔文[J/(kg·K)]，J 是指焦耳，K 是热力学温标。根据此定理，便可得出以下公式：

$$c=\frac{Q}{m(\Delta T)},$$

c 是比热容，Q 为吸收（或放出）的热量，m 是物体的质量，ΔT 是吸热（或放热）后温度的变化量，ΔT 在初中阶段中也常写作 Δt，即用摄氏温标替换开氏温标，此时比热容的单位为常用单位焦耳每千克摄氏度，写作 J/(kg·℃)。比热容反映了物质的吸热和放热能力，比热容大，意味着相同质量的物质在升高或降低相同温度时需要吸收或放出更多的热量。通过表 1 比较常见物质的比热容，不难发现水的比热容较大。虽然水的比热容不是最大的，但是在生活中容易获得的物质中，水可以算是其中比热容最大的。因此水多被作为降温装置的介质，现代生活中电脑的水冷、汽车的发动机冷却系统等都是利用水的比热容大这个特点来有效吸收机器工作过程中产生的热量，使机器降温。

表 1　常见物质的比热容

物质	比热容 c
氢气	14.3×10^3 J/(kg·℃)
水	4.2×10^3 J/(kg·℃)
蓖麻油	1.8×10^3 J/(kg·℃)
空气	1.0×10^3 J/(kg·℃)
铁、钢	0.46×10^3 J/(kg·℃)
铜	0.39×10^3 J/(kg·℃)

传统的油灯，把油灯点燃后，火焰通过热传递方式使油的内能增加，温度升高，加快油的蒸发，使得耗油量增大。水比热容较大，充当优良的降温介质。将冷水注入省油灯的夹层中，当上方灯盏温度升高时，水就从灯盏吸收热量，使灯盏的温度维持在较低的水平不至于过高，从而使得灯盏中的灯油不至于蒸发过快，降低耗油量。

结合比热容的公式变形 $Q=cm\Delta t$，可以知道水的质量越大，可以吸收的热量就越多，理论上对灯盏的降温效果越好，省油效果越好。有研究者发现宋代省油灯的夹层剖面积普遍大于唐代省油灯的夹层剖面积，剖面积越大，意味着省油灯夹层可以存储水的量越大，这说明古人在实践中也发现了这样的规律。

三、省油灯的发展

省油灯在发展过程中并不是一成不变。它的结构、尺寸都随着实践在逐渐改进。一是唐宋时期邛窑省油灯弓形柄的位置由盏面中上部，到口沿，再到腹侧，最终取消，呈现为从有到无的发展趋势（图 10-4）。从省油功效角度分析，弓形柄最初设计是为了让灯芯可以搭在上面，不易掉落进灯油中，但是灯芯搭在弓形柄上后，热源距离缩短，提高了盏面温度，加快了灯油蒸发，取消弓形柄后就可以省更多油。二是省油灯的灯盏尺寸变化。唐朝时期的省油灯平均口径为 12 cm，宋朝时期灯盏的平均口径为 11.7 cm。唐宋时期省油灯尺寸变化并不大，但是宋朝的省油灯较之唐朝尺寸略缩小，这是多方面综合考虑之后的结果。若灯盏尺寸过大，则盏面面积大，灯油的表面积大，导致蒸发变快，省油效果不明显。但是，若盏面过小，会导致夹层储水量变小，降温效果不明显，且盏面过小会导致添加灯油的频率增多，实用性变差，这也许就是宋朝较之唐朝省油灯尺寸仅仅略有缩小的原因。三是省油灯侧壁注水孔口径的变化。唐宋时期省油灯腹侧注水孔的口径呈增大趋势（图 10-5），宋代省油灯的腹侧注水孔口径普遍大于唐代邛窑省油灯的腹侧注水孔口径。腹侧注水口孔径增大，可以使注水孔处的空气和水接触面积增大，使水蒸气带走热量增加，加强灯盏的降温效果。

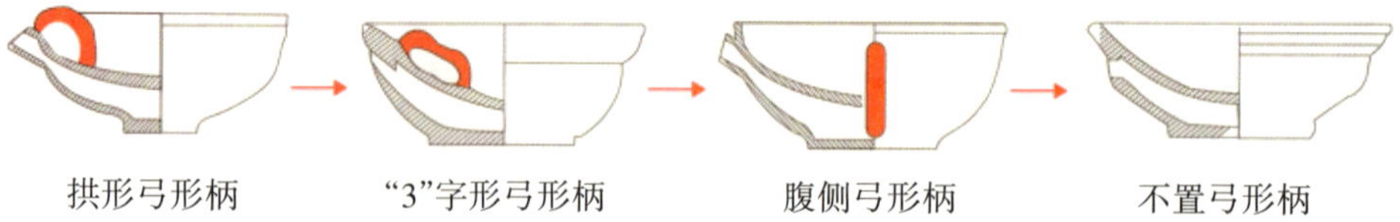

图10-4　省油灯弓形柄演变示意图

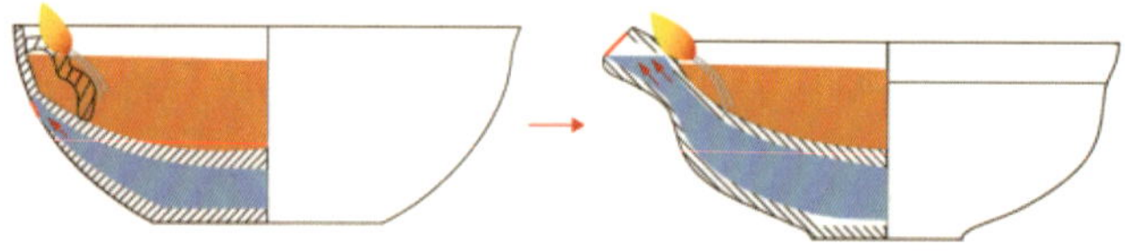

图10-5　省油灯注水孔口径变化示意图

四、省油灯使用方式的疑问

目前多数人认为的省油灯的使用方式，是基于陆游所记载的“将水注于夹层，油置于上层灯盏中”。但是这样的使用方法，从物理学角度思考并不是最为省油的使用方式。四川大学陈德富先生曾经根据陆游所记载的使用方式对四盏省油灯进行过实验（见表2），从陈先生所完成的实验数据表格可以分析得到几个结论：同一省油灯，在夏天的燃烧时间比冬天要短，这是因为夏天温度高，油的蒸发较快；省油灯确实大多数时候可以省油，但是无论是在冬天还是在夏天，省油灯无法做到省油几半。

表2　省油灯实验数据[5]

		Ⅰ式(5)3545	Ⅱ式(5)2904	Ⅲ式(5)7060	Ⅳ式(5)3026
油量(克)		30	30	30	30
夹层注水量(毫升)		35	72	55	63
夏季室温29℃	注水前燃烧时间	5时15分	5时	4时50分	3时30分
	注水后燃烧时间	6时	5时	5时55分	4时7分
	余水量(毫升)	34	70	40	53
冬季室温6℃	注水前燃烧时间	7时20分	6时	5时20分	5时30分
	注水后燃烧时间	7时40分	6时15分	6时2分	6时10分
	余水量(毫升)	34	72	52	61
备注	油料为食用菜籽油，每灯用直径约1毫米的芦苇芯三根				

基于这样的事实，姚军先生认为省油灯正确的使用方法应该是在上层浅腹盏中加水，在夹层中加油，灯芯就置于夹层中燃烧。从传热的角度来讲其中包含了热传导和热对流两个过程：夹层中的灯芯和灯油在燃烧时释放大量的热，通过器壁传导到上部盏内；盏内底部的水优先受热而温度升高、温度高的水密度变小从而上升，与上层温度低的水混合（如图10-6），这样循环对流而保持盏底的低温，热量就散失在传导——对流这个过程中，使灯盏保持在较低温状态下，从而减少蒸发。并且将油置于夹层中，灯油较为封闭，与空气接触面积小，蒸发变慢；同时将水置于上方盏面中，水与空气接触的面积大，水蒸发速度快，从而可以更高效地吸收灯盏和灯油的热量，进行高效地降温，从理论上讲这样的设计可以使省油灯更为省油。古人究竟是以何种方式使用省油灯呢，也许只有窗前挑灯夜读的举子们知道了。

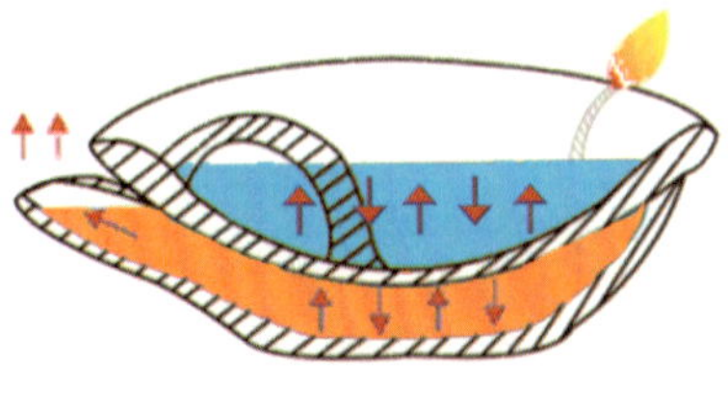

图10-6　夹层为油的省油灯热对流示意图

五、省油灯的现代意义

英国学者李约瑟在《中国科学技术史》中高度评价中国宋代的省油灯，他写道："省油灯是一个有趣的化学冷却水套处理蒸馏法，它包含了蒸冷与水循环系统的全部现代化技术。"古代的省油灯通过在灯油容器周围加水夹层的方式，利用水的冷却效果来降低灯油的温度，减缓灯油的挥发速度，从而达到节省油料的目的。在现代化工过程中，冷凝管常用来将气体冷凝成液体（图10-7）。水套围绕在冷凝管外部，通过水流带走管内物质的热量，帮助气体冷凝成液态。虽然使用的场景和时代不同，但是两者都体现了利用水的冷却效果来提升系统效率的思想。这种通过冷却来控制和优化过程的方法，是连接古老智慧和现代技术的一个有趣例证，展示了不同时代在解决各自问题时所共有的智慧。

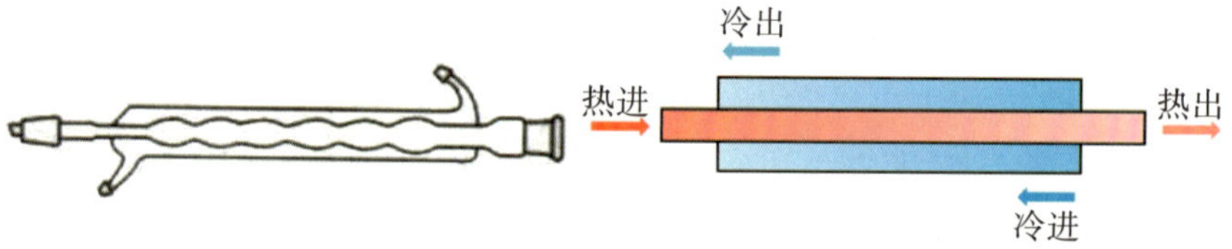

图10-7 冷凝管及水套示意图

六、自制简易省油灯

准备材料：两个空易拉罐、一杯水、小刀、灯芯草、大豆油、打火机等。

制作步骤：

①先制作省油灯装油的上半部分。用小刀将一个易拉罐横切为三部分，去除中间部分只留下底部和最上部，将两者拼合，向其中注入大豆油。再用小刀在最上部盖子处开一小孔，可以用易拉罐的金属包裹灯芯草，将灯芯草伸入小孔中；

②再制作省油灯装水的下半部分。用小刀将另一个易拉罐横切，只留底部，并在侧面开一注水孔；

③将得到的部分拼合起来，注水后点燃灯芯草，简易省油灯就完成了（图10-8）。

图10-8　自制简易省油灯

七、结语

省油灯凝结了中国古代人们的智慧和心血，在一定程度上让更多的寒门学子有条件能够“挑灯夜读书，油涸意未已”，也让更多的普通百姓可以在夜间从事劳作，推动唐宋时期社会的快速发展。这一盏盏朴素无华的小灯，成了当时社会生活的一个重要组成部分。虽然省油灯随着社会的发展逐渐消失，但是古人的智慧确是“永作式与将来，跨千载而弗坠”。

参考文献

[1]张琴.省油灯——照亮宋代四川举子的科考路[J].文史天地，2024(02)：42-46.

[2]吴钩.宋人用什么照明[A].澎湃新闻，2016.https://www.thepaper.cn/newsDetail_forward_1452541.

[3]陆游.陆放翁全集上册[M].北京：北京市中国书店出版社，1986：503.

[4]张亚堃.唐宋时期邛窑省油灯设计研究[D].无锡：江南大学，2018.

[5]陈德富.邛窑省油灯研究[G]//四川古陶瓷研究编辑组编，四川古陶瓷研究(二)[M].成都：四川省社会科学院出版社，1984：94-106.

[6]姚军.关于邛窑省油灯问题的探讨[J].四川文物，2001(03)：13-17.

[7][英]李约瑟.中国科学技术史　第四卷　物理学及相关技术　第一分册　物理学[M].陆学善，等译.北京：科学出版社，上海：上海古籍出版社，2003.

第 11 讲

慧心妙法，汲水逆流

中国作为历史悠久的农业大国，灌溉在农业生产中至为重要，是确保农作物正常生长和最后高产稳产的关键环节。水车作为灌溉工具，能巧妙利用水利资源，其历史可追溯至数千年前。它不仅是古代水利工程的杰出代表，更是人类文明进步的重要标志，彰显了人类智慧与自然的和谐共生的理念。

一、水车的基本结构

据《天工开物》中记载“凡河滨有制筒车者（如图 11–1），堰陂障流，绕于车下，激轮使转，挽水入筒，一一倾于枧内，流入亩中。”这句话的意思为“河边有装置筒车的，可筑个堤坝挡水，使河水冲击筒车下部，而使轮叶转动将筒内的水分别舀入筒中，筒内的水再一一倒入引水槽中，再流入田里。”

图 11–1　筒车

水车通常由水轮、传动装置和工作机构组成，水轮由水斗、刮板、轮辐、轮轴等构件，采用榫卯结构契合而成，水轮直径越大，转矩也越大。其原理主要是利用水力驱动，当河水冲过来时，刮板负责刮水，而水斗则负责装水。在河水的冲力作用下，水车开始缓缓转动，其辐条也随之运动。在转动过程中，水斗逐渐被提升，并将装满的河水带到高处。当水斗升到顶部时，它会自然倾斜，将水注入渡槽，最终流到需要灌溉的农田里。整个过程中，水车的转动完全依赖流动的河水，将水的动能转化为轮轴的动能和水的重力势能。

二、水车的发展

水车的起源可追溯到古代中东地区，随着文明的交流，逐渐传播到世界各地。

据《庄子·外篇·天地》记载，子贡在游历洛阳时，偶遇一位老者辛苦地抱着罐子来回取水浇灌。见状，子贡心生怜悯，便教授老者制作了一种简便的取水工具——桔槔（如图11-2）。这一工具的制作方法为“凿木为机，后重前轻，挈水若抽，数如泆汤，其名为槔”，即将一根横木搭在木头做的支架上，一端挂木桶，另一端悬挂重物如石头，利用杠杆原理，使得提水变得更为轻松省力。根据《后汉书》的记述，毕岚奉命制造一种名为“翻车”（一种木制的水车）的工具，用于道路的洒水降尘工作。而在《三国志》中则提到了魏国的一位杰出工匠马钧，他对翻车进行了巧妙的改进，使得水车的结构变得更为轻便灵活。这种改进后的水车，“令童儿转之，而灌水自覆”——便是儿童也能轻松转动，而水却能自动覆盖到需要的地方，尤其适用于地势较高的菜地灌溉。因此，这种“其巧百倍于常”的水车，开始在农业灌溉中得到广泛应用。

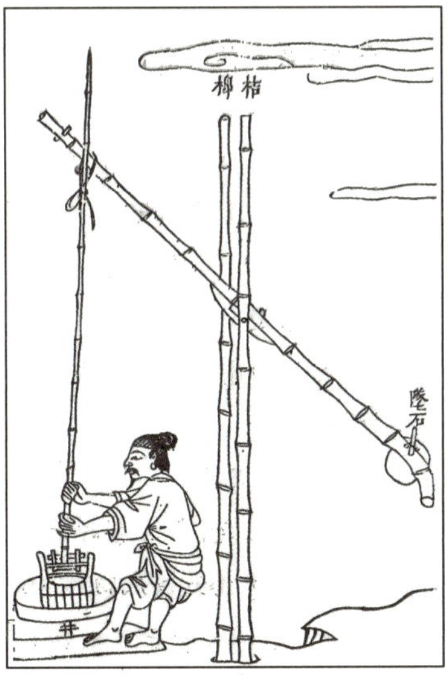

图11-2　桔槔

据《天工开物》中记载“其湖池不流水，或以牛力转盘（图 11–3），或聚数人踏转（图 11–4）。车身长者二丈，短者半之，其内用龙骨拴串板，关水逆流而上。大抵一人竟日之力，灌田五亩，而牛则倍之。”这段话的意思是对于湖泊或池塘的静水，或者用牛拉转盘来带动水车，或者凑几个人来踏转水车。水车长的两丈，短的一丈，车内用龙骨拴连串板，转动时可以把水刮上来。大概一个人干一整天可以灌五亩田，用牛则可加倍。

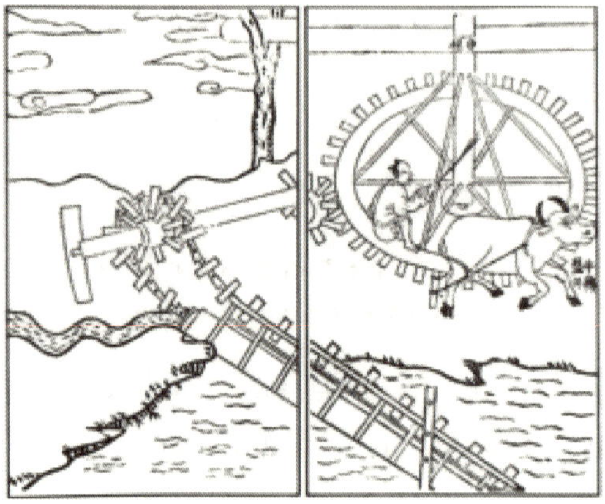

图11–3　牛力转盘水车

图11–4　踏车

到了元明时期，水车上的齿轮增加了，动力来源也非常丰富，可以借助水力、畜力、风力等，也可以交互使用这些动力，使其“昼夜不息”，大大提高水车的使用效率。水车的投入使用，极大地提高了农田的灌溉效率，提升了农业生产的效率，实现了自然能源的有效利用；不仅展示了人类对自然力量的巧妙运用，也体现了古代劳动人民的智慧和创造力。

三、水碓和水磨

随着水车使用技术的推广，人们又根据需要将水车与碓、磨整合起来，发明了水碓和水磨，从而能以水动力将粮食加工转化成为成品粮，进而满足人们日常生活的需要。

据《天工开物》记载：“凡水碓，山国之人居河滨者之所为也（如图 11–5）。……引水成功，即筒车灌田同一制度也。设臼多寡不一，值流水少而地窄者，或两三臼；流水洪而地室宽者，即并列十臼无忧也。……又有一举而三用者，激水转轮头，一节转磨成面，二节运碓成米，三节引水灌于稻田。此心计无遗者之所为也。”

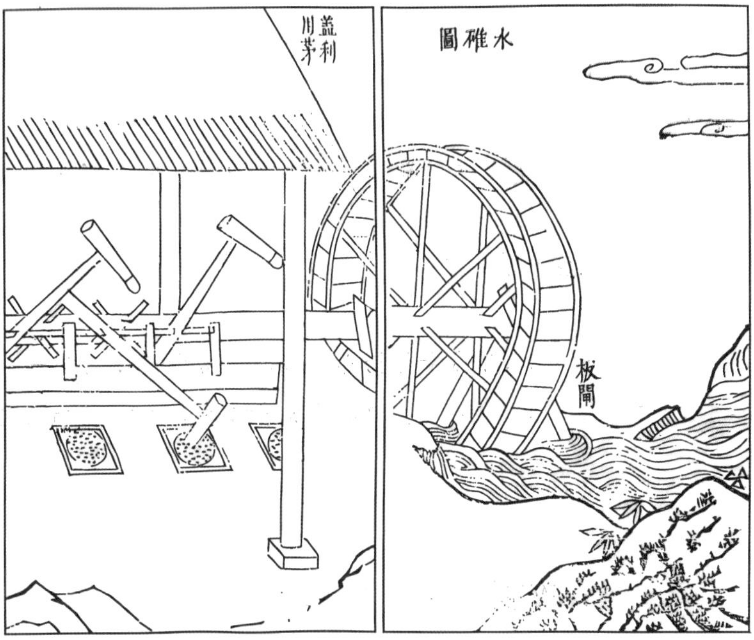

图11-5

这段话的意思是：水碓是居住在山区靠河滨的人造的。……引水带动水碓，与用筒车引水灌田都是一样的原理。水碓上设臼多少没有一定数量，水量少地方又窄的，则设二三臼；水量大地方又宽的，并列十臼也不成问题。……还有一举三用的水碓，利用水流冲击转轮，第一节带动水磨磨面，第二节带动水碓舂米，第三节引水灌田。这是心思工巧的人造的。

水碓的主要部件包括水轮、轮轴、拨板、碓杆、碓脑、碓嘴和碓臼等。水碓的动力机械是一个大的立式水轮，轮上装有若干板叶，轮轴上装有一些彼此错开、用来拨动碓杆的拨板。碓杆的一端是碓头，碓头下面的碓臼里放准备加工的物料。流水冲击水轮使其转动，轴上的拨板拨动碓杆的末端，将水的动能转化为机械能，通过冲击力的作用使石碓上下运动，使碓头一起一落舂捣物料。

水碓的起源可追溯到古代农耕社会，大致经历了杵臼、脚踏碓、畜力碓、槽碓、水碓及连机水碓这样一个过程。其动力由人力，到畜力，最后是水力，效率逐步提高。

最原始、最简单的杵臼是“断木为杵，掘地为臼”，就是在地面上挖一个凹槽，用石或胶泥等物将凹槽周围和底部砌好。后来是在一块大石头上凿成一个凹槽，把谷粒放在槽里用木棍舂凿。我国在春秋时期就出现了简单的粉碎工具——杵臼，后来杵臼进一步演变为汉代的脚踏碓。王祯在《农书》中记载：“碓，舂器。用石杵臼之一变也。”碓由杵臼发展而来，仍主要用于舂米。杵臼靠双手舂米容易让人疲劳，而脚踏碓改用双脚，同时借用操作者自身体重作为下压的力量，更为省力。畜力碓较少，桓谭的《新论》记载：“又复设机关，用驴、骡、牛、马及役水而舂，其利乃且百倍。”可见不仅使用了畜力，还使用了齿轮传动。槽碓可以说是最初步、最简单的水碓，使用在水量较小的地方。其一头是水槽，引水注入，当槽内水满，重量增大时，碓被扬起，同时水槽下落，当槽水倾泻，重量减轻时，碓臼下落，如此反复。槽碓利用水的重力代替脚踏的力量，解放了人力，且日夜不歇，大大提高了效率。水碓发明于西汉，到了晋代水碓已相当发达，不但普遍推广，且发展成连机碓。晋代杜预对水碓做了改进，发明了连机碓。王祯的《农书》形容这种水碓是：“水轮翻转无朝暮，舂杵低昂间后先。”到了唐代，水碓已较为常见。

南北朝时期，祖冲之对水碓进行了改造，将水碓连接石磨，完善了水碓的多功能性。水碓至唐宋时期已臻成熟。

据《天工开物》记载：“凡磨大小无定形。大者用肥犍力牛曳转。……次者用驴磨，斤两稍轻。又次小磨，则止用人推挨者。……若水磨之法，……其便利又三倍于牛犊也。凡牛、马与水磨，皆悬袋磨上，上宽下窄，贮麦数斗于中，溜入磨眼（如图11-6）。”

这段话的意思是：磨的大小没有一定规格。大的磨要用力气大阉过的公牛来拉。……小一点的磨，重量稍轻些，可用驴来拉，再小一点的磨就只需要人来推。……水磨功效却比牛磨高三倍。用牛、马或水磨磨面，要在磨上面悬挂一个上宽下窄的袋子，里面装上几斗麦子，麦子可慢慢溜入磨眼。

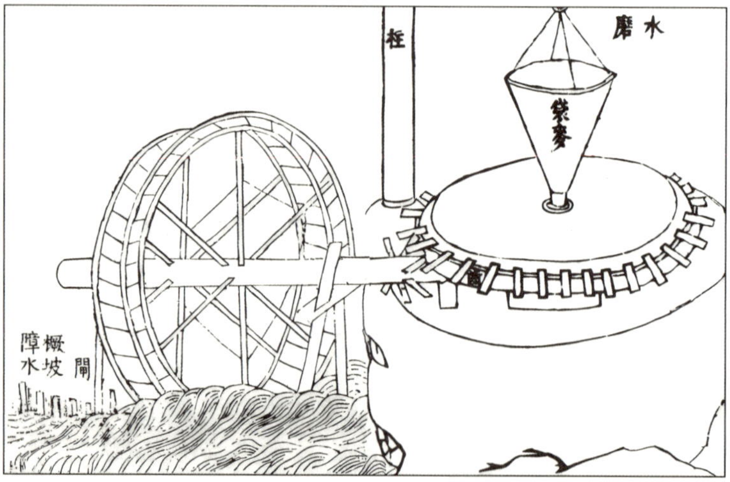

图11-6

石磨工作的原理主要是依赖于石头的旋转和磨盘之间的摩擦作用。石磨通常由上下两块石盘组成，上面的一块称为磨盘，下面的一块称为磨床。当石磨工作时，通常会有一个主动轴通过外部动力源带动石头旋转。这种旋转会产生一定的惯性力，使放在磨盘上的物质受到离心力的作用，从而加速研磨过程。与此同时，磨盘和磨床之间的接触面上都刻有磨齿，这些磨齿通过增大接触面的粗糙程度来增大摩擦力，能够有效地将物质研磨成所需大小的颗粒。随着石头的旋转，磨盘和磨床之间会产生摩擦力，这种摩擦力可以将物质研磨成粉末或浆状，同时也会产生一定的热量，有利于提高研磨效率。石磨的工作原理还与石头的材质和磨盘之间的间隙有关，合适的材质和间隙可以确保最佳研磨效果。水磨和畜力磨可以连续地粉碎粮食，相较过去，大大提高了效率，具备了破碎机械的雏形。

四、水车对现代的影响

在农业领域，水车作为一种传统的灌溉工具，在一些水资源匮乏的地区，能够利用河流、溪流等自然水资源，实现精准、有效的灌溉，帮助农民提高粮食的产量和质量。在工业领域，一些工厂会通过水轮的旋转运动将废水中的杂质分离出来，实现废水的净化和再利用。同时，一些现代化的水车还可以利用水流动力来发电，为农村或偏远地区提供电力供应，减少对传统能源的依赖，降低环境污染。

碓也被一些手工艺人用于特殊材料的加工。在一些传统工艺品制作过程中，碓可以将原材料研磨成所需的大小。而磨的应用相对要广泛一些，在食品加工业中常用来磨削谷物，将谷物磨成粉末，用于制作面粉、米粉等食品原料。在工业生产领域，通过磨削，可以实现对物体表面的修整、打磨，从而提高工件的精度和质量。此外，磨床作为一种专用的机床，广泛应用于各种精密零件的加工，特别是在汽车、机械、航空航天等行业中，磨床对于提高零部件的性能和精度至关重要。磨削技术在一些特殊领域也有着重要的应用。例如，在医疗器械制造中，磨削技术被用于制造高精度、低摩擦力和高表面光洁度的特殊器械，如人工关节等。现代磨削技术还在不断创新和发展，磨子的材料已经从金属逐渐发展到合成材料，如碳化硅、钨钢等，这些材料具有更高的硬度和耐磨性，能够更好地满足现代工业生产的需求。

五、动手制作水车

准备材料：竹签、竹片、KT板、一次性纸杯、一次性筷子、热熔枪。

制作步骤：

①制作两块直径为50 cm、宽为5 cm的圆环KT板，用竹签将它们固定在一起当轴套，用一次性筷子穿过轴套正中间，做成一个大转轮。

②根据轴套大小选用合适的竹片，嵌在等分好的轴套上，做成叶轮。

③在转轮上装上一次性纸杯，使瓶口朝着转轮前进的方向，并倾斜45°左右。

④将整个转轮放在支架上，放入流水中，让水流使叶轮转动起来即可。

六、结语

水车、水碓和水磨都是中国古代劳动人民充分利用水利发展出来的运转机械，为农业生产和日常生活做出了重要的贡献。水车作为灌溉工具，为农田提供了稳定的水源，极大地提高了农业生产的效率。水碓和水磨使得粮食的加工变得更加方便和高效，节省了大量的人力和时间，不仅提高了农业生产和粮食加工的效率，也为后人留下了宝贵的文化遗产。

参考文献

[1]杨维增，译注.天工开物[M].北京：中华书局，2021.

[2]桓谭.新论[M].上海：上海人民出版社，1977.

第12讲

碧水绕磨声声慢，古法匠心传千秋

在古代科技的浩瀚星空中，水转连磨宛如一颗耀眼的明珠，闪耀着人类智慧的光辉。它承载着古人的智慧与创造力，在时光的长河中留下了浓墨重彩的一笔。

说起水转连磨的起源，可追溯至西晋时期。杜预，这位杰出的人物，凭借卓越的智慧和创造力，开创了这一伟大发明。在那个时代，人们对于粮食加工的需求日益增长，而传统的加工方式效率低下。杜预敏锐地察觉到了这一问题，经过无数次的尝试与探索后，水转连磨应运而生。它的出现，极大地提高了粮食加工的效率，为人们的生活带来了极大的便利。

诗词中也不乏关于水转连磨的生动描述。诗人用优美的笔触，描绘着水转连磨在山水之间制造的灵动之美。“水磨咿呀转，谷香四溢传”，寥寥数字，便将水转连磨工作时的场景生动地展现在人们眼前，我们仿佛能听到那清脆的水磨转动声，闻到那阵阵的谷物香气。这些诗词不仅是文学的瑰宝，更是对水转连磨这一古代科技的珍贵记录。

水转连磨的结构独具匠心。它拥有一根长长的轴，轴上巧妙地安装着三个齿轮，而每个齿轮又分别联动着三台石磨（图12-1），如此一来，一共九台石磨协同工作。其工作原理是利用水力驱动，水流奔腾而下，产生的强大动力带动着整个装置运转，磨盘相互摩擦，将谷物研磨成细腻的粉末。这种结构和工作方式充分体现了古人对机械原理的深刻理解和精准应用。

图12-1　水转连磨

水转连磨中还蕴含着丰富的物理知识。从力学角度来看，水力的运用涉及力的传递与转换。水流的冲击力转化为机械能，通过齿轮的传动，带动石磨旋转。同时，磨盘之间的摩擦力在研磨过程中起着至关重要的作用，恰到好处的摩擦力既能保证谷物被充分研磨，又不会过度损耗能量。古人对这些物理知识的巧妙运用，令人惊叹不已。

一、水转连磨的起源

水转连磨究竟起源于何处、何时被发明创造以及最初应用于哪种生产部门，至今仍是一个未解之谜(图12–2)。14世纪问世的《农书》是最早记录水转连磨的书籍。据该书作者王祯所述，水转连磨的发明及最初应用是元代江西地区的制茶业。然而，范文澜、刘仙洲等学者曾怀疑它可能是“元代以前”的发明，甚至有人推测可能是南宋制茶业中的创举，理由是南宋时期茶是重要的对外贸易商品，且两宋工业较为进步，发明水转机的可能性较大。但可惜的是，这些都只是基于推测或者判断，缺乏确凿的史料支撑。许多学者仍在探讨“宋代所用的水磨是否就是王祯所看见的水转连磨”这一问题。实际上，有证据表明北宋粮食加工业中已有类似的水转连磨，比如邹浩《道乡集》中的记述。《道乡集》的诗文及其他资料证明，水转连磨在北宋绍圣初年(1094—1095年)就已存在，且最初并非用于江南制茶业，而是应用于汉水中游的粮食加工业，作为一项崭新的技术崭露头角。

图12–2　水转连磨示意图

二、诗词中关于水转连磨的描述

诗人邹浩在《道乡集》中的《次韵端夫闻江北水磨》一诗中，为我们留下了有关水磨机械的珍贵叙述。诗中有“白沙湖边更湍急，五磨因缘资养生”“天轮地轴骇昼夜，仿佛飓扇吹苍瀛”“游江夫人俨然坐，蛟龙不动如石鲸”等描述，这些都与水转连磨紧密相关。

诗中的叙述首先向我们揭示了一个有趣的现象：在江北水边传来巨响的并非一盘磨，而是“五磨”。那么，这“五磨”究竟是各自独立运转、分置于不同之处，还是并在一处、相互连接成一组呢？“因缘”二字给出了关键答案，它们是相互依存、彼此联系的。即使将“因缘”二字解释为“五磨”与湍急水流之间的关系，也不排除其具有双重含义。但是，从水磨装置对水源地理条件的要求来看，若五磨是独立的，彼此之间似乎会相距较远；通读全诗，这里所指的应是在一处。

连接五磨的主要机体是所谓的“天轮地轴”。其中，“天轮”似乎是指立式水轮或顶端的卧轮；“地轴”则是指接近地面的水轮横轴。从后来同类连磨的装置结构来看，这五磨的“天轮地轴”等组合结构，应该是竖轮上横轴所装的齿轮与磨轴上装的齿轮相互衔接，呈90°方位交错摩擦。如此一来，当滩际的激流冲动竖轮时，横轴通过齿轮系统转动，并改变动力方向，促使五磨同时卧旋运转。“仿佛飓扇吹苍瀛”的比喻并非毫无意义。“飓”原本指的是海风，与后半句的“苍瀛”（大海）相互呼应；而“飓”与“扇”连用，传达出大风扇的意思。如此庞大的风扇形象，显然与一般的卧式水轮不同，而是更符合庞大竖轮的特征。后来同类水转连磨的竖轮也的确很高大、宽阔（图12-3），仅其轮轴的围长就相当于两臂合抱的长度（《农书》卷十九《农器图谱·利用门》）。

图12-3 水转连磨真实照片

也就是说，该横轴的直径约在半米以上，整个竖轮的直径更是相当可观。水轮横轴的装置通常需要在陆岸与水流中部有牢固的依托设施。在水流中，安装依托设施的理想环境是天然近岸的土石，或者比较稳固的沙洲之类。瘿城附近的汉水急流中恰好有许多巨石与沙洲，它们往往被赋予游女、娘子洲之类的美称，并伴有许多神话传说。“游江夫人俨然坐，蛟龙不动如石鲸”等诗句，实际上正是指承托水磨竖轮横轴的设施及其所在处的江石等。只不过诗人运用历史典故将其进行了神化或拟人化处理。通过以上深入分析，可以确定邹浩诗中所描述的“五磨”是一组水转连磨。从诗题《次韵端夫闻江北水磨》来看，那位端夫先写的诗中，大概已经包含了不少关于“五磨”的叙述和议论。

为了更清晰地认识水转连磨这一机械技术，我们不妨引入元代同类水磨的一些资料进行对比分析。王祯《农书》中有“立轮连二磨”的记载：“引水置闸，甃为峻槽。槽上两旁植木作架，以承水激轮轴，轴腰别作竖轮，用击在上卧轮一磨……”还有关于“水转九磨”（卷十九）的记载：“此磨须用急流大水，以凑水轮。其轮高阔，轮轴围至合抱，长则随宜。中列三轮，各打大磨一盘；磨之周匝俱列木齿。磨在轴上，阁以板木，磨傍留一狭空，透出轮辐，以打上磨木齿。此磨既转，其齿复傍打带齿二磨，则三轮之力，互拨九磨。”根据这些资料来看，邹浩诗中的五磨大致属于水转连磨中的立轮连五磨，比“连二磨”复杂，比“连九磨”稍为简易（图12-4）。

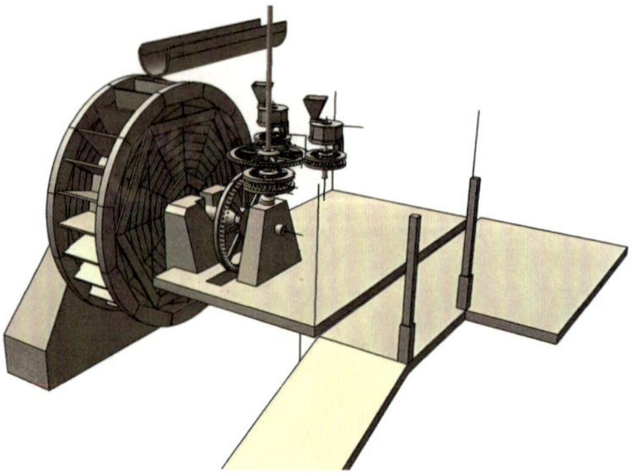

图12-4　水转连磨建模图

三、水转连磨的结构及工作原理

水转连磨是一种利用水力进行粮食加工的神奇机械。

1. 主要构造

（1）水轮：水转连磨的核心部件非水轮莫属。它需要急流大水的强大动力来驱动。水轮的直径高而宽，轮轴的围长需达到合抱的程度，而长度则可以根据实际需求来确定。通常情况下，水转连磨由三个轮组成，每个轮上都安装着一个带有木齿的大磨盘。

（2）磨的位置：这些磨盘稳稳地安装在轴上，上面覆盖着板木。在磨的旁边，特意留有一个狭小的空隙，其作用是让轮辐能够穿过并打击上面的磨盘木齿。

2. 工作原理

（1）水流驱动：当急流的水汹涌地冲击水轮时，轮辐便会随之运动并打击旁边的磨盘。在这种力量的推动下，三个轮的磨盘就会开始相互交替地转动（图12-5）。

（2）连续磨碾：每个磨盘上的齿都会与相邻的磨盘相互作用，通过这种方式，谷物得以不断地被磨碾。正因为如此，水转连磨可以同时让九个磨盘协同工作。

其他功能：靠近轴头的那个木齿轮作用非凡，除了能够在上面拨动磨盘外，下面还可以拨动碓轴，用于驱动“碓”（一种舂捣谷物的器具）。此外，在天旱时，还可以在大水轮的周围挂上水筒（竹筒或木筒），这样一来，一昼夜就能灌溉数顷田地，充分展现了其多功能性。

图12-5 水转连磨工作方式

四、蕴含的物理知识

1. 从能量的角度分析

水转连磨巧妙地通过水轮将水所具有的机械能成功转换成水轮及磨盘的机械能，从而带动九个磨碾转动，实现了能量的有效转移。然而，轮轴与轮轴之间不可避免地存在着摩擦，一部分机械能会在这个过程中转化为内能，最终导致能量的损耗。

2.从压力的角度分析

急流的水流流速和水流流量都会对水压产生至关重要的影响。根据帕斯卡定律及伯努利方程可知,水流的冲击力可以通过公式 $F=\rho v^2A/g$ 来计算,其中 ρ 是流体的密度,v 是流体速度,A 是流体作用面积,g 是重力加速度。急流的水流速度和水流量的变化会直接影响水流的冲击力。需要注意的是,如果渠道过窄,水压将会增大,在这种情况下,可能会导致渠道破裂或出现渗漏等问题。

五、做一做

茶碾,作为用于碾磨茶饼的工具,其历史可以追溯到唐代。茶碾子主要由碾槽、碾轮和辖板组成。碾槽卧置于碾座之中,形状恰似船底,碾轮中心较厚,边缘则逐渐变薄。茶碾子不仅仅是唐代及以后时期饮茶文化中的重要组成部分,更是中国古代工艺美术的珍贵见证。通过对其结构、材质、使用方法以及文化意义进行深入分析,我们能够更全面地了解中国古人的生活方式和古代文化传统。我们可以通过查阅相关资料的方式,总结不同材质茶碾的特点和差异,也可以尝试运用相关材料亲自动手制作不同的茶碾,在实践中感受古代工艺的魅力。

六、结语

水转连磨作为古代科技的杰出代表,承载着古人的智慧和创造力。它不仅在古代的生产生活中发挥了重要作用,其蕴含的科学原理和技术理念也为后世的科技发展提供了宝贵的启示。虽然时光易逝,但水转连磨所散发的光芒依然熠熠生辉,激励着我们不断探索科技的奥秘,传承和发扬古人的创新精神。

参考文献

[1]孙显斌.王祯农书解读本[M].北京:科学出版社,2022.

[2]徐光启.农政全书[M].北京:中华书局,1959.

[3]王家琦.水转连磨、水排和秧马[J].文物,1958(7):34-36.

[4]郭正忠.邹浩与襄阳的水转五磨——北宋农业加工机械的巨大进步[J].江汉论坛,1985(6):68-72.

[5]邹浩.道乡集[M].上海:上海古籍出版社,1981.

第13讲

跨越空间的旅行

从先秦时期开始，古人发现并记载了很多关于大气压的物理现象。早在《黄帝内经》中就已经记述了“虚管悬液”这个实验，并合理猜测了这一实验现象与气体的关系。后人按照这一解释不断探究和验证，发现了虹吸现象，并利用这些原理制造了如火罐、渴乌、唧筒、打水器、刻漏等一系列工具，使其在农业、军事、民生、医疗等各个方面发挥了巨大的作用。古籍中对这些现象和应用的记载，体现了中国古代劳动人民对物理规律的探索和研究，是我国古代的文化瑰宝和智慧结晶。

一、古代关于大气压强的实践

南北朝时期的《关尹子》中写道：“瓶存二窍，以水实之，倒泻；闭一则水不下，盖不升则不降。”

这句话的意思是：在密封的瓶上开两个小孔，用水装满水瓶，倾倒水瓶时水会流出，关闭一个小孔，水就不再流下（因为此时空气不在瓶中对流）。

唐代王冰注解《黄帝内经素问》中写道：“虚管溉满，捻上悬之，水固不泄，为无升气而不能降也。空瓶小口，顿溉不入，为气不出而不能入也。”

这段话的意思是：将空心的细管装满水，用手捏住管的上端并将管提起，管中的水保持不动不会落下，这是因为气体没有上升，所以水不能下降。只有小口的空瓶，将瓶倒扣来灌水，水无法进入瓶中，这是因为气体无法出来，水无法进入。

早在南北朝时期，我国古代就有了关于大气压现象的记载，在《关尹子》的药篇中提到，世间万物有升就有降，有进就有出。关闭一个小孔的时候，水没有流出的原因在于瓶内没有气体上升（即没有气体进入瓶中并位于瓶的上方），这一描述与此现象的本质十分契合。

无独有偶，唐朝王冰在为《黄帝内经素问》作注的时候也提到了类似现象，他不仅设计了“虚管悬液”这一与大气压有关的实验，还明确地指出了这一现象与气体的关系。而王冰早在公元750年至762年间就完成了对《黄帝内经素问》的注解，比意大利科学家托里拆利于1643年完成的大气压实验领先了近九百年。

有了上述的实践基础，人们发现这些原理可以运用于军事、农业之中。

《武经总要》中记载：“凡水泉，有峻山阻隔者，取大竹去节，雄雌相合，油灰黄蜡固缝，勿令气泄。推竹首插水中五尺，于竹末烧松桦薪或干草，使火气自竹内潜通水所，则水自中逆上。”

这段话的意思是：所有的被山岭阻隔的水泉，都可以用高大的竹子，去掉竹节部分，内外相扣连接在一起，用油灰黄蜡堵住空隙，不要使它漏气。推动竹子顶部，将它插到水中五尺深的位置，在竹子的尾部燃烧松木、桦木或者干草，让火气从竹子内部潜入水所在的地方，水就会在竹子内部上升。

《武经总要》记述了行军打仗时寻找水泉的方法，通过燃烧树枝、干草来加热竹子内部的空气，等到空气膨胀从竹子内部排出并冷却后，竹子内部气体的压强变小，在大气压的作用下，竹子内部的水面就会上升，这种方式可以使竹子内部注满水。若此时，将竹子的一端放入高处的水源中，就可以将较高处水源中的水，翻过山岭运往低处，这种现象就叫作虹吸现象。

如图13-1所示，当我们将液体充满一根倒U形的管状结构（称为虹吸管）内后，将开口高的一端置于装满液体的容器中，容器内的液体会持续通过虹吸管向更低的位置流出。《武经总要》中虹吸管这一结构，是我国古代关于大气压应用的一个典范。

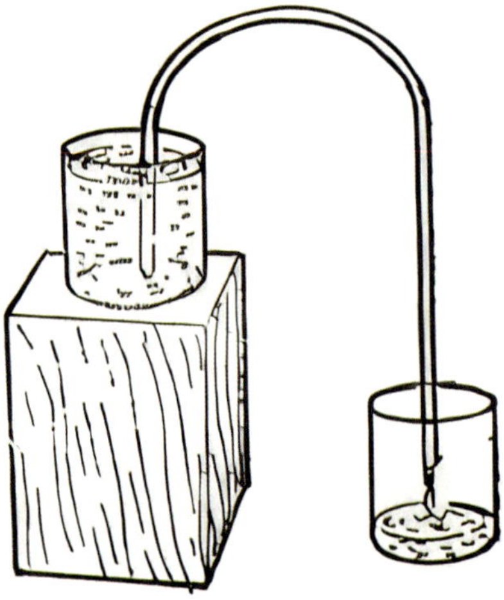

图13-1　“虹吸现象”图示

二、物理原理

《关尹子》

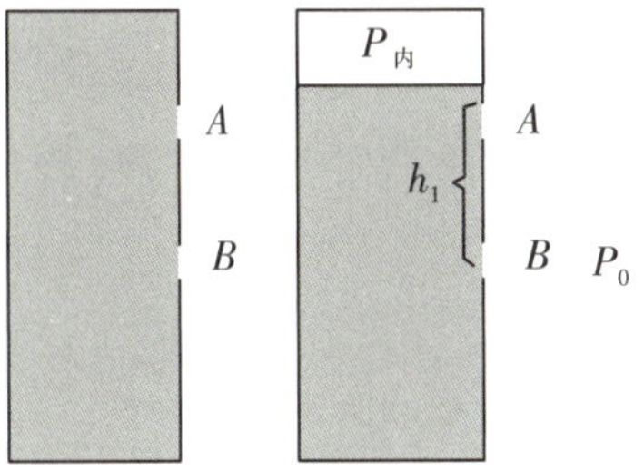

图13-2 “瓶存二窍”图示

如图13-2所示，一个装满水的水瓶有两个小孔A、B，当两个小孔都打开时，空气会从A孔进入，水从B孔流出。而当用手堵住A孔时，A孔无法与外界的大气相连，瓶内的气体总量不再改变，随着液面下降，气体体积变大，瓶子内部的气压将会小于外界的大气压。

而在B孔位置，由于水的表面张力，会形成一张水膜，我们可以认为当水膜既不会向左突出也不会向右突出时，水膜保持静止，水无法流出瓶子。若认为瓶内气压为$P_{内}$，外界大气压为P_0，水的密度为$\rho_{水}$，此时水膜左侧的压强为$P_{内}+\rho_{水}gh_1$，右侧压强为大气压强P_0，此时应满足$P_{内}+\rho_{水}gh_1=P_0$。

《黄帝内经素问》

如图13-3所示，当手指捏住上管口，上管口对水的压力为$F_{压}$，管的横截面积为S，水柱的长度为h_2，大气压强为P_0，水的密度为$\rho_{水}$时，提起细管，管中的水在下端开口处因为水的表面张力形成水膜。要保证水不流出，只需保证水膜上方和下方的压强相等即可。水膜上方的压强应为$\rho_{水}gh_2+F_{压}/S$，下方的压强为大气压P_0。当两者相等时，水静止不动。

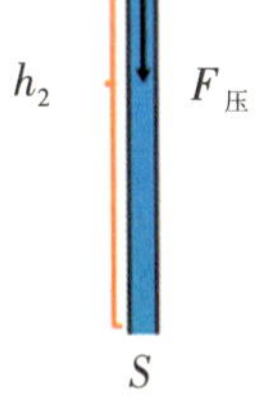

图13-3 “虚管悬液”图示

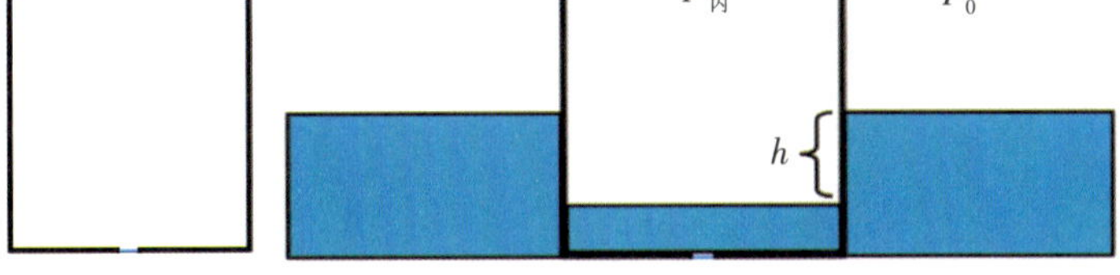

图13-4 “顿溉不入”图示

如图 13-4 所示，当瓶子只有一个小口，将瓶倒扣接触水面时，水会在小口处形成一张液膜，此时瓶内的气压 $P_{内}$ 与瓶外的大气压 P_0 相等。若继续将瓶子下压，则会压缩瓶内空气的体积，瓶内的气压将会增大，此时有 $P_{内}=P_0+\rho_{水}gh$。当把瓶子拿出水面时，瓶子内部气体不再被压缩，内部气体体积将会变大，内部气压 $P_{内}$ 将会减小至与大气压 P_0 再次相等，此时内部气体体积刚好等于容器容积，因此会出现“顿溉不入”的现象。

《武经总要》

如图 13-5 所示，当竹筒中的水由于大气压强而上升并灌满整个竹筒时，可认为竹筒的最高点 A 有一个水膜。当大气压强为 P_0，水的密度为 $\rho_{水}$ 时，水膜左侧的压强等于 $P_0-\rho_{水}gh_3$，水膜右侧的压强等于 $P_0-\rho_{水}gh_4$，由于 h_3 小于 h_4，因此水会不断从左侧流向右侧，此时便会产生虹吸现象。

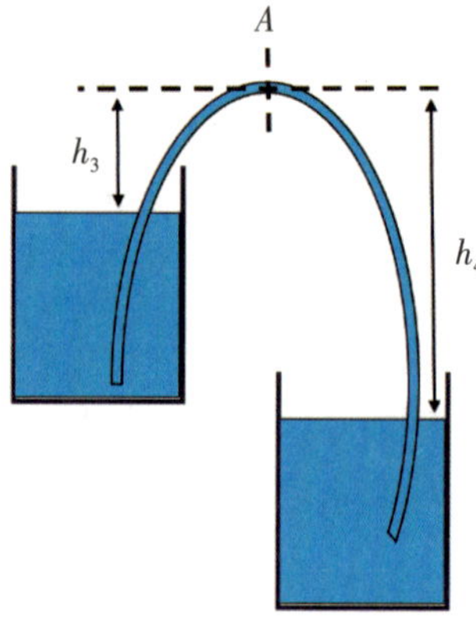

图13-5 “隔山取水”图示

三、虹吸现象的发展历史

《武经总要》中“隔山取水”的方法主要用到了大气压强和液体压强的相关知识。此方法中，用竹筒制成的虹吸管可以追溯到汉代。

《后汉书·张让传》中记载：“又使掖庭令毕岚……又作翻车、渴乌，施于桥西，用洒南北郊路，以省百姓洒道之费。”其中“渴乌”便是虹吸管的前身，这一结构在之后的朝代中也有相当广泛的应用。唐代徐坚所撰的《初学记》也有对渴乌的相关记述：“以器贮水，以铜为渴乌，状如钩曲，以引器中水于银龙中，口中吐入权器。”除了“渴乌”之外，虹吸管还有“注子”“偏提”“过山龙”等名称，这一结构常用于军事、水利、民生等多个方面。到了宋代，有人利用此结构制作了用于精准计时的莲花漏。

在钟表未出现之前，中国用刻漏计时，至宋代仍使用唐朝的浮箭刻漏计时器。传统的水漏或者沙漏都有一个共同的问题，就是当水或沙减少后，它们的流动速度就会减慢，从而影响到计时的准确性。为了克服这一困难，天圣八年(1030年)，龙图阁侍制燕肃向宋仁宗呈上了莲花漏的制作方法。他在旧刻漏的基础上创制了新的刻漏，燕肃制成的莲花漏，受水壶中有一个用一根箭矢制作而成的浮漂，箭矢尾部有一朵铜质的莲花，此箭矢从莲花的中心穿过，因此得名莲花漏(图13-6)。

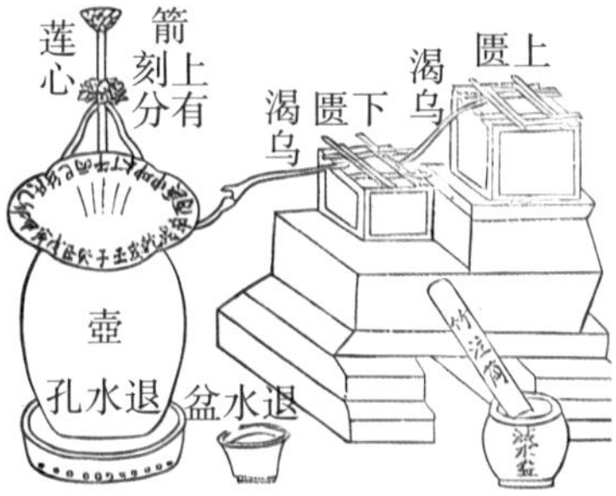

图13-6 莲花漏

莲花漏分为上匮和下匮，上匮作为储水瓶，下匮作为滴水瓶，这两个结构之间使用虹吸管(渴乌)相连。下匮(滴水瓶)与减水盎(溢水瓶)相连，形成连通器。且下匮用一根虹吸管与计时瓶连接，这个虹吸管可以将下匮中的水引入计时瓶中。

莲花漏在工作时：

(1)最上层的储水瓶通过一个虹吸管(渴乌)把水送到滴水瓶中，再由滴水瓶侧方的管道进入最下面的计时瓶。通过读取露出水池盖的刻度而获得相应的时间。

(2)位于中间的溢流管连接溢水瓶，使之组成连通器。当滴水瓶的水位高于溢流管时，水就会自动向溢流瓶中泄水。如此一来，滴水瓶中的液面始终保持在一个相对稳定的高度，此法保证了滴水瓶向计时瓶滴水的速度保持稳定。[1]

由于莲花漏的制作简单，计时精准，该刻漏得到了大量的推广和普及。夏竦为莲花漏作铭，称其“秒忽无差”。而苏轼《徐州莲花漏铭并序》中写道：“故龙图阁直学士礼部侍郎燕公肃，以创物之智闻于天下，作莲花漏，世服其精。凡公所临必为之，今州郡往往而在，虽然巧者，莫敢损益。”用来赞颂燕肃的功劳，随着时代的发展，莲花漏也被制成宝山的形状，称为“宝山漏”。

到了现代，人们在制作输液瓶时，也利用了这些古籍中的原理。由《关尹子》中的“瓶存二窍，以水实之，倒泻；闭一则水不下”现象可知，为了保证气体能够顺利进入输液瓶，使液体能够从输液瓶中流出，在设计输液瓶时，至少需要设计两个开口。而借用燕肃发明莲花漏时保持液体压强不变，从而保证水流速度不变，来提高计时精度的思想，我们现代使用的输液瓶也是通过保证进气管管口与大气直接相连，从而保证管口压强为大气压不变，制成能够匀速输液的输液瓶。

如图13-7①所示，在使用输液瓶时，若只有一根输液管，根据液体压强 $P=\rho gh$ 可知，大气压可支撑起的水柱高大约为10 m，而输液时的输液管长度小于10 m，因此药液无法流出。如图13-7②所示，此时需要增加一根进气管，由于进气管与大气直接相连，进气管在药液中一端的压强应等于大气压强 P_0，而输液管与血管直接相连，其管口处的压强小于大气压强，因此该输液瓶会从进气管位置进气。如图13-7③所示，当输液瓶内有气体时，若满足 $P_{内}+\rho_{液}gh=P_0$，则此时进气管将停止进气，直到输液瓶内液面再次下降，导致 $P_{内}+\rho_{液}gh<P_0$，此时气体将再次从进气管进入输液瓶中，直到再次平衡。因此进气管、输液管管口位置的压强将保持为大气压强 P_0，输液瓶也就能够匀速地输送药液了。

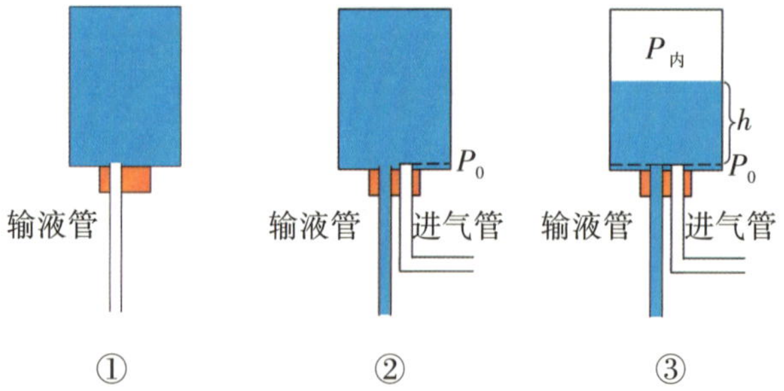

图13-7　输液工作原理图示

除了医疗器械的结构设计，在一些医疗流程中，也需要利用大气压强。在洗胃时，打开吊瓶下方的夹子，关闭引流管的夹子，此时洗胃液在重力作用下进入人的胃中。由于贮液瓶上端封闭，所以需要额外使用电动吸引器来抽取液瓶中的气体以维持负压，此时打开引流管上的夹子，利用虹吸现象，胃中的洗胃液就会流入储液瓶中，如图13-8。

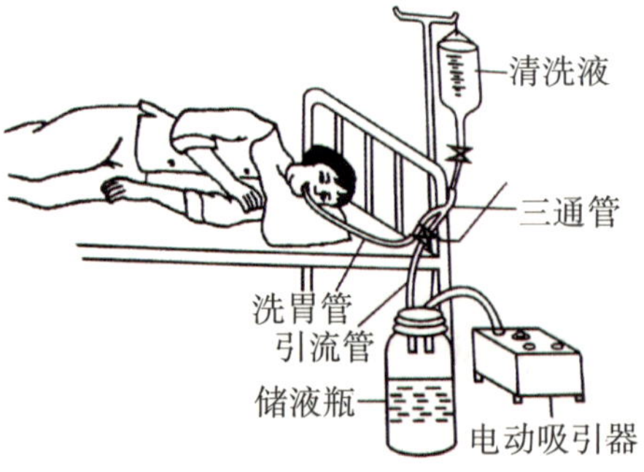

图13-8　洗胃原理图示

四、大气压强在各领域的应用

古代对于大气压的记述和应用还有很多，例如宋俞琬的《席上腐谈》中对火罐的记述，以及苏轼的《东坡志林》中对采盐时所用的抽水器的记述。这些实践到了现代也有着广泛应用。

《席上腐谈》中写道："予幼时有道人见教，则剧烧片纸纳空瓶，急覆于银盆水中，水皆涌入瓶，又依法放于壮夫腹上，挈之不坠。"

这句话的意思是：在我小的时候有一个道人教我，将剧烈燃烧的纸片放入空瓶中，快速将瓶倒扣在银盆内的水中，水都涌入瓶内。又按照这个方法将空瓶放在人的肚子上，用手拉这个空瓶，空瓶也不会落下。

《席上腐谈》记载的拔火罐是一种以罐为工具，利用燃火、抽气等方法产生负压，使之吸附于体表，造成局部瘀血，以达到通经活络、行气活血、消肿止痛、祛风散寒等作用的中医疗法。拔罐疗法在中国古代有着悠久的历史，早在西汉时期的帛书《五十二病方》中就有关于"角法"（拔火罐）的记载。晋代葛洪的《肘后备急方》，唐代王焘《外台秘要》中也有用竹筒来调理不适症状的描述，这些记载都表明了对大气压强的应用，这些实践也深刻地促进了当时医学的发展。

《东坡志林》中写道："又以竹之差小者，出入井中为桶，无底而窍其上，悬熟皮数寸，出入水中，气自呼吸而启闭之，一筒致水数斗。"

这句话的意思是：将较小较细的竹子作为水桶在井中打水，这个水桶没有底，而且在顶端开一个小孔，在小口上方悬挂几寸加工过的皮革，竹桶在水中出入时，竹桶内的气体因为吸入和排出，而使皮革打开或关闭，这样一个竹筒就可以打很多斗水。

苏轼所记述的抽水所用的筒井就是现代抽水机的前身，抽水机主要由活塞和供活塞移动的水缸构成。筒井的井壁就相当于抽水机的水缸壁，竹筒就相当于活塞，文中记述的"熟皮"则相当于现代抽水机中的阀门A。抽水机是利用大气压支撑起水柱来实现汲水的目的。

在使用抽水机时，向上提升活塞，由于活塞A上方压强为大气压，下方没有与大气相连，上方的压强较大，在大气压的作用下，活塞A处于关闭状态。水在大气压作用下也将向上移动，进入抽水机的水缸中，形成一段由大气压支撑起的水柱。

将活塞下压，阀门A将会打开，阀门B上方的压强等于大气压强与阀门B上方液柱产生的压强之和，此时阀门B应处于关闭状态，活塞下压后，水最终位于阀门A的上方。若此时向上提升活塞，阀门A上方压强等于大气压强与上方液柱压强之和，此时阀门A将处于关闭状态，此时水缸壁与活塞顶部形成一个容器。将容器向上提升，就可以使水从出水管中流出，如图13-9所示。

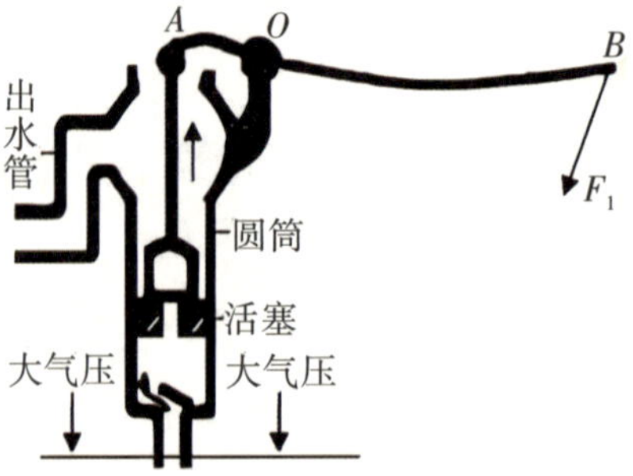

图13-9　抽水机原理图

这一抽水结构的应用十分广泛，《武经总要》中提到的唧筒（图13-10）也用到了大气压强，拉动唧筒的活塞可以在桶内产生负压，在大气压的作用下，唧筒内部将会支撑起一段水柱，从而实现汲水的目的。这一发明在灌溉和灭火等方面发挥了重要的作用。随着时代的发展，唧筒逐步演变成了针筒注射器，在现代医疗中有着广泛的应用，为人们的生活提供了极大的便利。

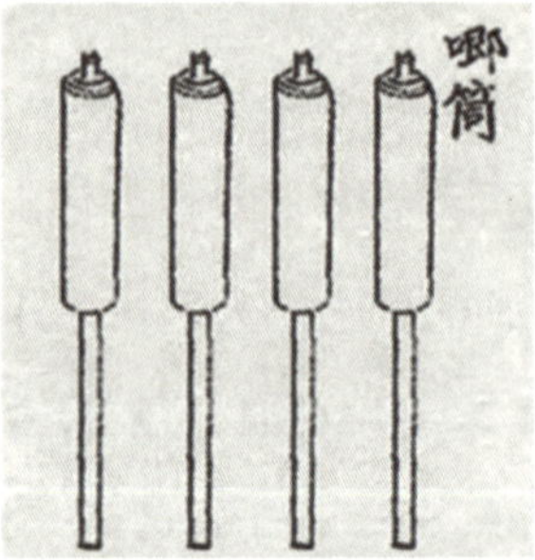

图13-10　唧筒图示

大气压强的应用经历了漫长的发展历史，这些在农业、军事、民生、医疗等方面都有着重要作用的工具，是先贤善于发现，善于总结，勤于思考，积极探究生活中的物理现象本质，才形成的智慧结晶。如今我们站在巨人的肩膀上，更应勤学笃进，格物致理，传承和发扬中国古代的传统文化和科学技术。

五、动手制作莲花漏

请猜想并验证：

（1）储水瓶通过虹吸管向滴水瓶注水时，注水的快慢与什么因素有关？

(2)为了使滴水瓶中的液面变化较小,水的深度几乎不变,与滴水瓶相连的溢水瓶应该具有什么特征?

(3)为了使从滴水瓶到计时瓶的水流较小,从而用已有的计时瓶测量更长的时间,应该如何调节渴乌2?

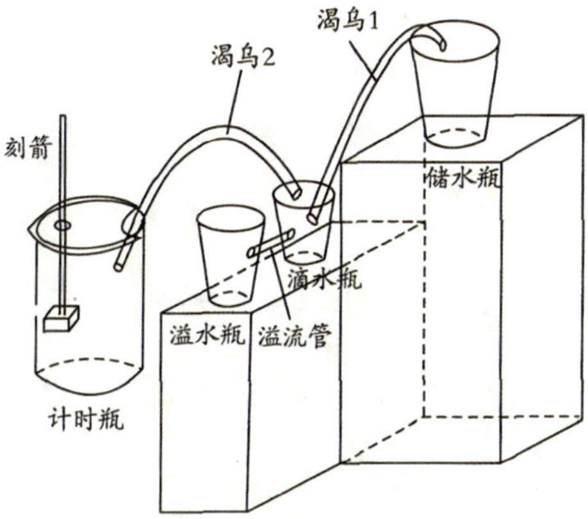

图13-11 莲花漏结构图

六、结语

古人对生活现象的观察是细致入微的,他们受时代的局限、社会环境的局限,可能会将当时无法解释的物理现象归因于神话传说。但不可否认的是,古人也在积极探索物理现象的本质,大胆猜想、小心论证,通过设计实验来证明自己的理论。我们现代的物理研究流程,与古人的研究流程是相似的,这也说明了我国古代对于物理研究的探索是有重要意义的,取得的物理成就是卓越的。

参考文献

[1]丁光涛.《关尹子》中的物理学知识[J].安徽师范大学学报(自然科学版),1986(2):80-84.

[2]袁春梅.中国古代趣味物理实验[J].物理教师,2008,29(10):54-58.

[3]薄忠信:《武经总要》与物理学[J].锦州师院学报(哲学社会科学版),1987(3):70-75.

[4]符宇萌,林馨郁,王慧珍,等.在物理思维型课堂中融入中国传统文化——以“古代刻漏发展史”为例[J].中学物理教学参考,2021,50(8):7-9.

第14讲

风的“选择”

风扇车，又称扇车、飏扇，是中国古代劳动人民在实践中发明的专门用来分离饱满谷粒与不饱满谷物、杂质、尘土，以获得更加干净饱满籽粒的农具，如图14–1，14–2，14–3所示。

《天工开物》中记载：“凡稻最佳者九穰一秕。倘风雨不时，耘耔失节，则六穰四秕者容有之。凡去秕，南方尽用风车扇去（图14–1）。北方稻少，用扬法，即以扬麦、黍者扬稻，盖不若风车之便也。”

这段话的意思是：最好的稻谷有九成精谷一成秕谷。如果风雨不调，耘耔失时，则可能只有六成精谷四成秕谷。南方都用风车扇掉秕谷。北方稻子少，则用扬场的方法，像扬麦子或黍子那样扬出稻谷，这总是不如风车方便。

图14–1 《天工开物》中风扇车图

图14-2 《顾氏画谱》中的风扇车

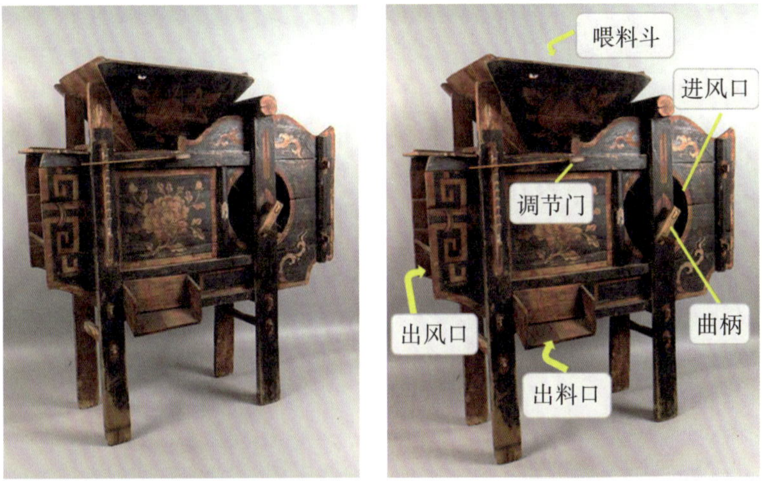

图14-3 中国农业博物馆藏的风扇车

如图14-4所示，来自中国农业博物馆官网上的风扇车。

①　　②

③

④

⑤

⑥

⑦

⑧

图14-4　不同视角的风扇车

一、风扇车的基本工作原理

风扇车的基本工作原理为摇动侧面的曲柄就能让扇轮转动产生气流。将混着谷壳、糠皮等杂物的谷物籽粒倒入顶部梯形的喂料斗，开启调节门，含有谷壳和杂物的谷物从喂料斗底层经可控制的狭缝(狭缝的大小可通过调节门控制，可以调节谷粒单位时间漏到风道中的量)徐徐漏入风道，通过转动扇轮所造成的风流，将较轻的瘪谷、杂物(较轻的)等吹出风扇车后，饱满的(较重的)谷粒则落在出料口，经倒梯形的漏斗流到出料口外的箩筐内，从而把杂物和净谷或净米分开。

从力与运动的观点看：风扇车通过扇轮的叶片转动产生气流，当混着谷壳、糠皮、尘土等杂物的谷物籽粒，从顶部梯形的喂料斗往下掉时，由于谷物大小、比重不同，下落至风扇车底端时，水平运动的距离也不完全相同。饱满的谷粒(密度较大)在重力、风力共同作用下，直接从下边的出料口流出；而谷壳、糠皮等密度较小的杂物，在重力、风力共同作用下，就从出风口吹出(也有些风扇车设计有2个出料口，1个位于喂料斗正下方，该出料口出精谷，另一个靠近出风口，该出料口出秕谷)。谷粒与杂物就这样自然而然地分开了。风扇车各部名称如图14-5所示，饱满谷粒受力及运动大致轨迹如图14-6所示，比重较轻的杂物等受力及运动大致轨迹如图14-7所示。

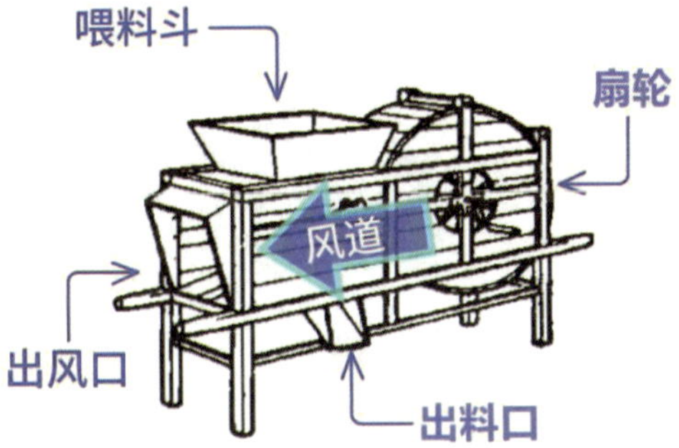

图14-5　风扇车各部分名称

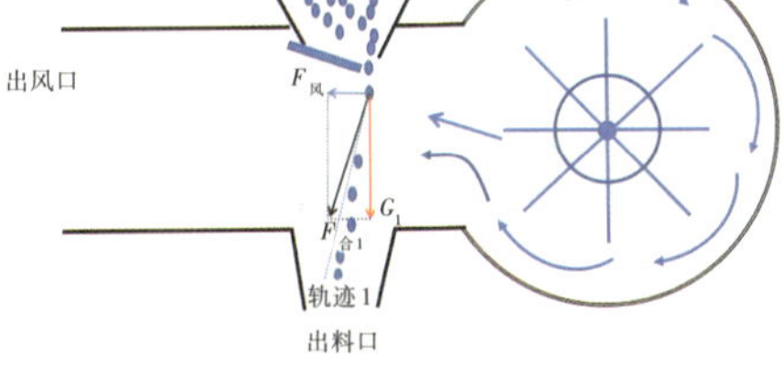

图14-6　饱满谷粒受力及运动大致轨迹图

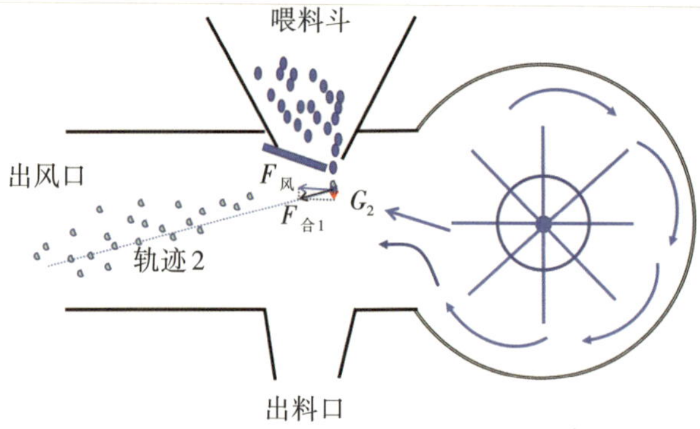

图14-7　比重较轻的杂物等受力及运动大致轨迹图

从杠杆的观点看：扇轮的叶片通常安装在一个转轴上，手柄、转轴、叶片的组合相当于杠杆（图14-8），转动可以看作是杠杆的旋转运动。通过手柄提供动力使叶片转动。轮轴原理：动力×动力臂=阻力×阻力臂，应用到摇动风扇轮上，给扇轮装上可以用手摇的曲柄，使曲柄的半径大于风扇轮轴的半径，并使二者有合适的比例，以达到省力的目的。

图14-8　手柄、转轴、叶片

从惯性的观点看：惯性大小与物体的质量有关，质量是物体惯性大小的量度，物体质量越大，运动状态越难改变，物体质量越小，运动状态容易改变。当混着谷壳、糠皮、尘土等杂物的谷物籽粒，从顶部梯形的喂料斗往下掉时，它们会不停地受到曲柄摇动的风扇所产生的气流的冲击，质量小的秕谷运动状态易改变，沿着风道被吹出；精谷质量相对较大，运动状态不易改变，所以就落到车中部外侧出料口，然后落入下面放着的盛器里。

风扇车的设计和工作原理展示了人类善于利用自然资源，同时也蕴含了丰富的物理知识。

二、风扇车在古代的影响

除了闻名遐迩的“四大发明”之外，中国还孕育了许多其他杰出的发明，这些发明对人类文明的进步做出了不可磨灭的贡献。其中，风扇车便是这些发明中的佼佼者。中国农耕文化源远流长，谷物脱粒和去壳后，人们面临着扬弃谷壳、糠秕和杂物的挑战。最初，人们依靠手捧口吹的方式进行清选，随后发展到使用木锨和簸箕借助自然风力进行。据传，汉代的农民发明了风扇车，这一发明使得人们能够主动产生风力，专门用于分离谷物中的杂质、尘土。

风扇车的出现，标志着人类从依赖自然风力转向主动制造风力，人们能够控制风力的大小和方向，不再受制于自然风。这一进步使得人们可以根据需要选择清选谷物的最佳时机，从而推动了谷物清选的机械化进程，显著提高了劳动生产率，并对我国农业的发展产生了深远的影响。风扇车的发明不仅在中国农业史上占有重要地位，也对世界农业生产产生了深远的影响。英国著名科学史专家李约瑟博士曾指出，风扇车是中国传向西方的重要机械和技术发明之一。

中国这种旋转式风扇车的一个显著特点是其进气口始终位于风腔中央，这一设计被认为是所有离心式压缩机的鼻祖，对西方近现代鼓风机械的发明产生了影响。风扇车的设计涉及多个物理原理，它曾是农村中机械化程度最高的农具之一，无数次帮助谷物颗粒归仓，是人类智慧的结晶。

三、风扇车在现代的应用

在近代历史的进程中，随着皮带和齿轮传动技术的引入，以及水力、蒸汽和电力的广泛应用，风扇车的动力系统经历了一场革命性的变革。金属冶炼技术的进步，使得风扇车的材质从单一的木制转变为铁制，这一转变不仅提高了风扇车的制造效率，还显著增强了其耐用性，使其更好适应大规模农业生产的需要。

经过这些改进，风扇车的劳动效率和清选谷物的质量得到了显著提升，同时人工劳动强度也大幅降低，农民基本上摆脱了传统笨重的手工操作方式。如今，许多旧式的风扇车已经被更为高效、便捷的电动风扇车所取代，这些现代化的风扇车在农业生产中发挥着越来越重要的作用，体现了技术进步对传统农业工具的深远影响。

罗丹曾言，生活中并不缺乏美，而是缺少发现美的眼睛。艺术的源泉在于生活本身，艺术设计亦是如此，它源自对生活的细致观察与深刻体验，源自对生活的深刻感悟与认知。让我们一同探索那些不同凡响的风扇车，它们不仅是农耕文化的象征，也是艺术创作的灵感之源。

在宋代诗人梅尧臣的笔下，风扇车化作了一首赞颂农事的诗篇："田扇非团扇，每来场圃见。因风吹糠粃，编竹破筠箭。任从高下手，不为暄寒变。去粗而得精，持之莫言倦。"这首诗不仅歌颂了风扇车的实用价值，也赞美了农事活动的辛勤与智慧，描绘了一幅生动的田园画卷。

阿恩海姆曾强调："只有直接的艺术体验，才是艺术值得讨论之处。"写生，作为生活体验最直接的表达，也是发现美感的最佳途径。通过写生，艺术家们能够捕捉生活中的每一个细节，将那些平凡的场景转化为不朽的艺术作品，让人们对生活之美有更深的感悟和认识(图 14–9)。

图14–9 《永恒的记忆》（中国画　陈民新）

在现代社会，风车以一种新的形式重新焕发生机，它们不仅是农耕时代的主角，还成了景区中一道独特的风景线，吸引着游客前来观光。游客们漫步于农家小径或沿着蜿蜒的河流，近距离地观赏那些曾经只在书籍和电视中才能见到的风扇车、犁、蓑衣、斗笠等传统农具。他们不仅欣赏着这里如诗如画的自然风光，更是在体验和感受农家的日常生活与农民的劳作方式，这种体验为游客们带来了别样的乐趣和深刻的文化享受。

例如，民国时期的风扇车长180厘米，宽70厘米，高200厘米（图14-10）。

①

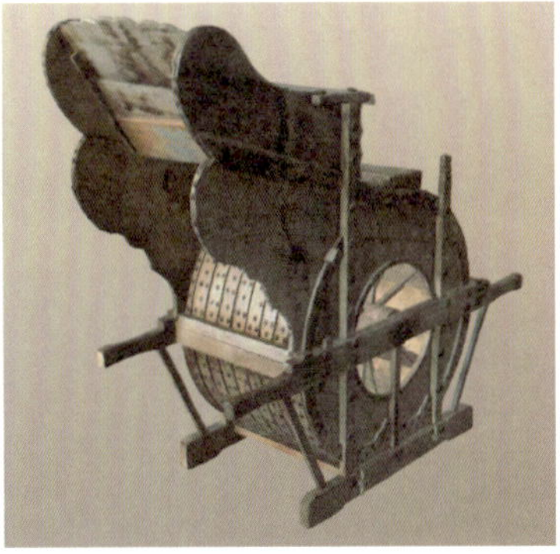

②

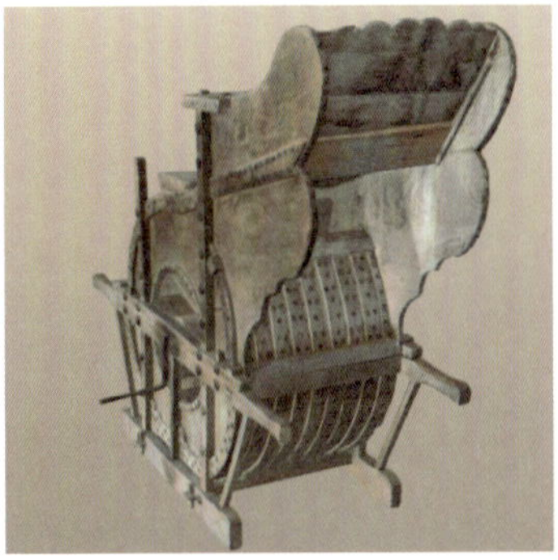

③

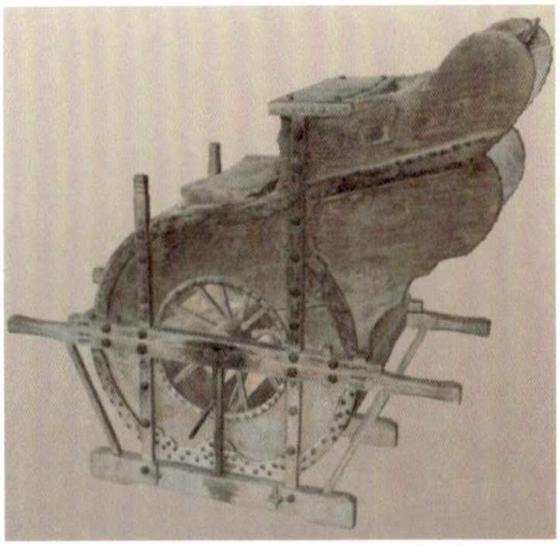

④

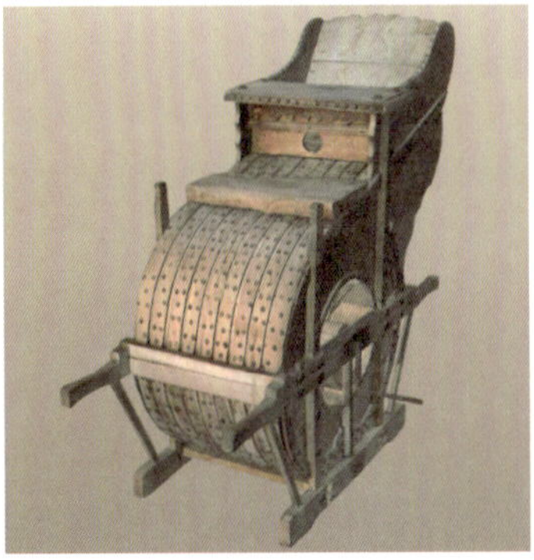

⑤

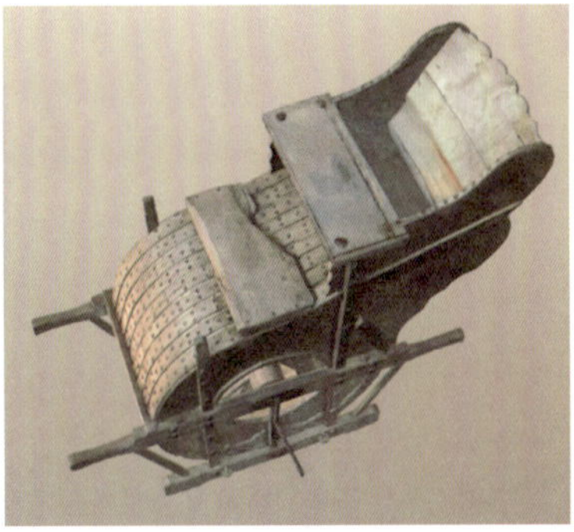

⑥

图14-10 民国时期风扇车

四、结语

中国传统的农事器具——风扇车，不仅是民间能工巧匠智慧的结晶，更是劳动人民智慧与想象力的生动体现。这些器具闪耀着人性与自然的光辉，是古代劳动人民与自然和谐共生的见证。通过对风扇车等生产生活用具的深入了解和保护，以及从审美文化的角度审视它们的时代价值，我们不仅能够传承和弘扬优秀的中华文化，还能推动中华优秀传统文化的创造性转化和创新性发展。这些传统器具不仅是历史的见证，也是连接过去与未来的桥梁，它们的价值和意义值得我们去珍惜和传承。

参考文献

[1]杨维增，译注．天工开物[M]．北京：中华书局，2021.

[2]陈民新．风车的形制与审美文化研究[J]．包装世界，2010(3)：117.

第15讲

百步穿杨破长空

相传战国时期楚国善射的琴氏在弓的基础上发明了弩(图15-1)。

弩是在弓的基础上发展而来的,但比弓射程远、杀伤力强、命中率高,并克服了人拉弓时因体力受限而无法持久的弱点,起到了“延时装置”的作用。

弩克服了在全力拉弓时不易瞄准和不能储存能量的缺点。它可用各种形式的力或工具让弩将事先拉开的能量储存起来,使得从容瞄准目标击发时只需像现在打枪一样轻轻扣动弩机即可。

《天工开物》中记载:“凡弩为守营兵器,不利行阵。直者名身,衡者名翼,弩牙发弦者名机。斫木为身,约长二尺许,身之首横拴度翼。其空缺度翼处,去面刻定一分,稍厚则弦发不应节。去背则不论分数。面上微刻直槽一条以盛箭。其翼以柔木一条为者名扁担弩,力最雄。或一木之下,加以竹片叠承,其竹一片短一片。名三撑弩,或五撑、七撑而止。身下截刻锲衔弦,其衔傍活钉牙机,上剔发弦。上弦之时,唯力是视。一人以脚踏强弩而弦者,《汉书》名曰蹶张材官。弦放矢行,其疾无与比数。”

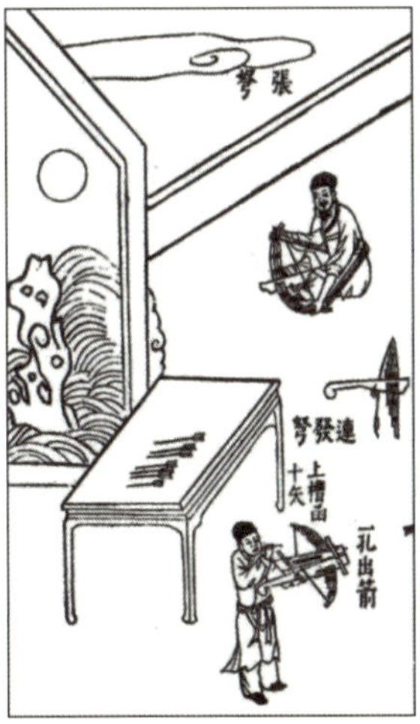

图15-1　连发弩

这段话的意思是：弩是守营兵器，不适于冲锋上阵。弩中直的部件叫弩身，横的部件叫弩翼，扣弦发箭的机关叫弩机。砍木作成弩身，约长二尺，弩身前部横拴上两个翼，其穿孔放翼的地方离弩身的上面约一分厚，稍厚则拉弦发箭配合不准，离弩身下部距离没有固定尺寸。弩身面上要略微刻一条直槽，以承放箭枝。用一条软木作成弩翼的叫扁担弩，弹力最强。也可在一木条下加上叠在一起的竹片，竹片依次一片比一片短，做成弩翼的叫三撑弩，最多不超过五撑、七撑。弩身后半部刻一缺口扣弦，旁边钉上活动扳机，向上一推就可发弦射箭。上弦时全靠人力。由一个人脚踏强弩上弦的，《汉书》中称为"蹶张材官"。弩弦将箭射出，飞行快速无比。弩结构示意图如图15-2所示。

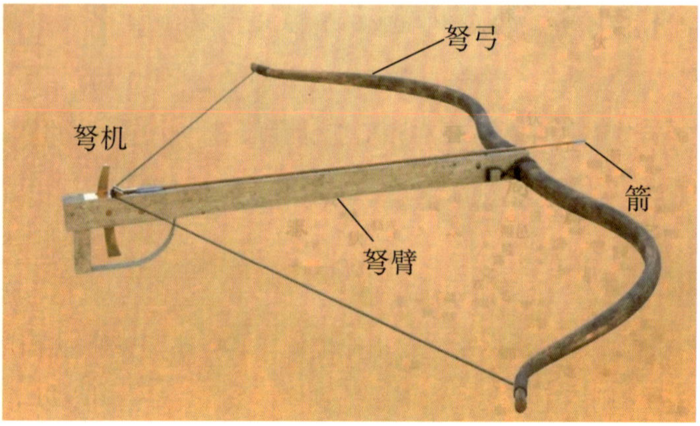

图15-2　弩结构示意图

一、弩的核心"成员"——弩机

弩机是装置于木制弩臂后部的发矢部件，一般弩机四周有"郭"，"郭"中有"牙"，可钩住弓弦，"郭"上有"望山"作为瞄准器，"牙"下连接有"悬刀"作为扳机。弩机发明于战国时期，其后不断被改进（图15-3）。

郭：弩机的外壳（图15-4）。

悬刀：弩机的击发部件，其功能如同现代枪械的扳机。

望山：弩机复位的触发键，也兼具协助瞄准的作用。

牙：与望山连铸，形制为一对并排的双齿，主要作用是将弓弦钩住，使用时必须保持牙两侧的弦均衡，才能保证发射的准确性。

牛：又可称为"钩心"或"机塞"。牛的平面呈凹型，上、下有两个齿，与两牙连接处的圆柱相咬合。在闭锁状态时，牛的下齿顶住悬刀，起着限制牙转动的作用（图15-5）。

枢:相当于螺栓。弩机有两根枢,其主要作用是将望山、牙、悬刀等构件固定在郭或机槽中,形成一个紧密的整体。

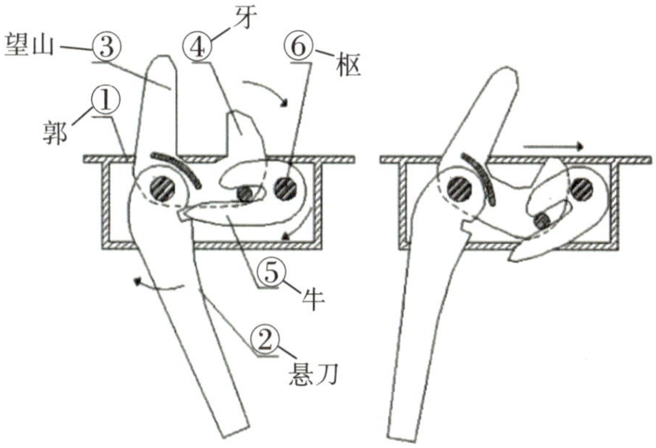

图15-3 弩机各部名称

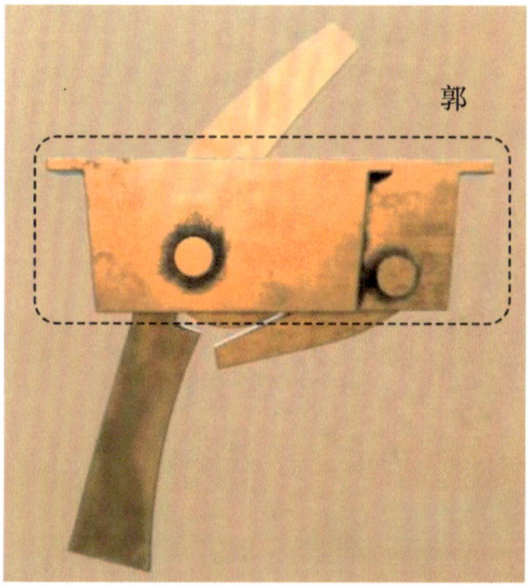

图15-4 郭(虚线所示)

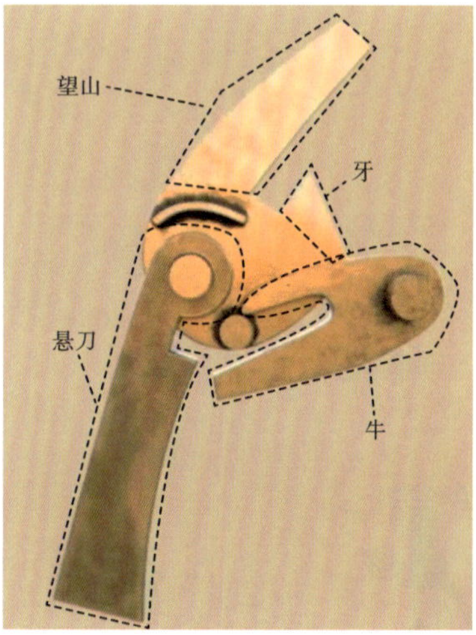

图15-5 悬刀、望山、牙、牛

从现代机械工程的角度来看，铜弩机中的悬刀就是机构中接收外部给定运动规律的原动件，可以通过向后叩击悬刀，使其以枢轴作圆心转动，起到控制弩机状态的作用。牛和牙作为从动件，是机构中随原动件运动的活动构件，牙的升降可以控制弦的回弹。枢是轴销的连接零件，郭则是起到支承作用的部件，枢和郭共同约束构件的相对运动。

刻度弩机的望山上有刻度，可用来对不同距离的目标进行瞄准，以提高弩箭的命中率（图15-6）。

图15-6　刻度弩机

弩机经历了无刻度、有刻度、有弩钉的发展过程，瞄准精度越来越高（图15-7）。

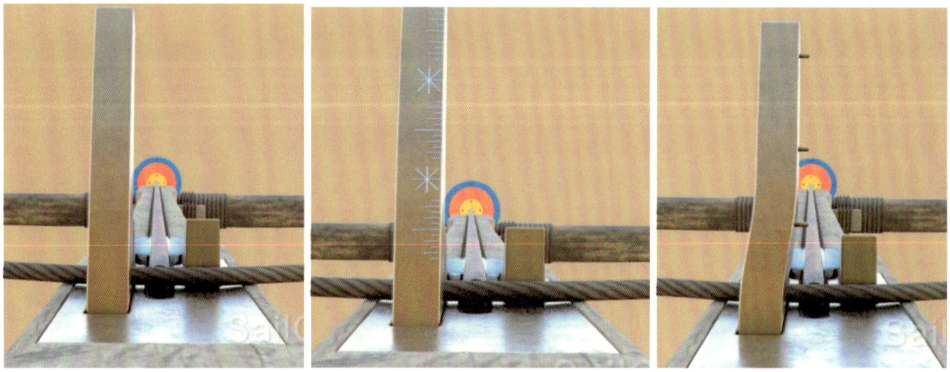

无刻度弩机　　有刻度弩机　　有弩钉的弩机

图15-7　弩机

二、弩的使用

使用弩时，望山用于瞄准，牙用于卡弦，钩心连接牙和悬刀。键即轴销，将各部分合成一个整体并固定于弩臂后端的空槽内。装箭时，手拉望山，牙上升，牛被带起，它的下齿卡住悬刀刻口，就可以用牙扣住弓弦。将箭置于弩臂上的矢道内，使箭尾抵于两牙之间的弦上，然后通过望山瞄准目标，向后扳动悬刀，牛脱离悬刀刻口，牙下缩，箭即随弦的回弹而射出（图15–8）。

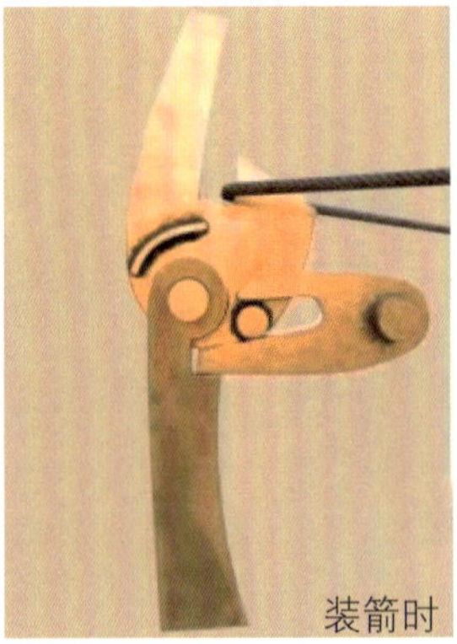

图15–8 装箭和发射时悬刀、望山、牙、牛的状态

弩较于弓最大的优势在于可以待机而发。使用弓射击时，必须在张弦上箭的同时瞄准，因人的臂力有限，不能持久，故瞄准也十分仓促。而弩可以延迟发射，预先将弦钩于牙上，有充分的时间瞄准目标，有效地提高了射击的命中率。

三、弩中物理知识

弩结合了弓的弹性和机械装置的威力，能够存储和释放能量，发射箭矢。在弩中，涉及许多物理知识，主要包括：

（1）从发射速度的视角看：弩的箭矢射出速度可达到43 m/s，相比之下，弓发射的箭矢速度约为35 m/s。这一速度的提升直接导致了弩的射程更远。

（2）从压强的视角看：弩箭的箭头通常采用硬质材料，并经过精细打磨以形成尖锐的箭头。这种设计在箭矢击中目标时能够产生较大的压强，从而增强穿透力（图15–9）。

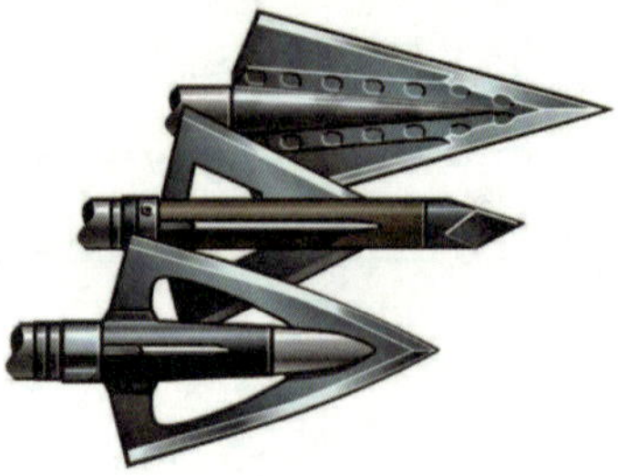

图15-9 箭头

(3)从力的视角看：弩的设计使得拉弦的力量能够通过机械装置得到放大，从而更有效地推动箭矢发射(图15-10)。

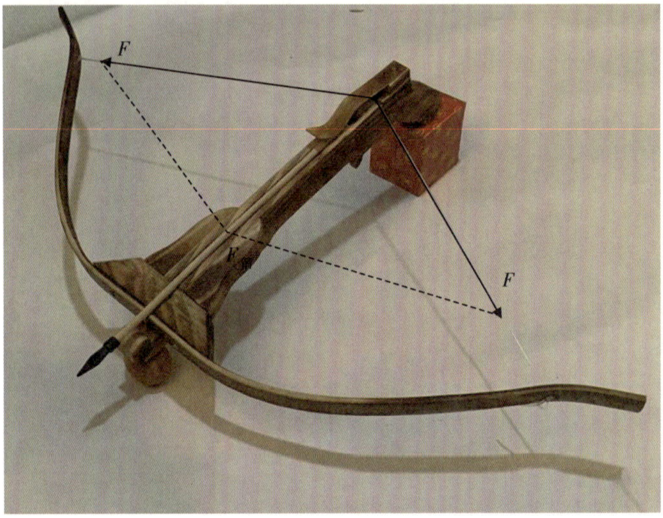

图15-10 拉动弩弦时箭的受力分析

(4)从能量的视角看：当人拉动弩弦时，弦的拉力使弓发生弹性形变，储存了大量的弹性势能。当悬刀被扣动时，弓恢复原状，将这些势能转化为箭矢的动能，推动箭矢以高速射出。这一过程中，能量实现了从弹性势能到动能的转换，且在理想情况下，能量的转换是守恒的。因此，为了增强弩的威力，制造时应选用具有良好弹性的材料来制作弓和弦，以产生更大的形变和更多的弹性势能。同时，拉弓时需将形变控制在安全范围内，以防因形变过大而导致弩的损坏。

在物理学中，弹性势能是指物体因发生弹性形变而储存的能量。例如，拉长或压缩的弹簧、卷紧的发条以及拉开的弓等，它们都储存着弹性势能。这些势能的大小与形变的程度密切相关，例如，在弹性限度内，弹簧的弹性势能就与弹簧被拉伸或压缩的长度成正比。

弹性势能跟形变的大小有关系。例如,在弹性限度内,弹簧的弹性势能跟弹簧被拉伸或压缩的长度有关。

弹簧弹性势能的表达式为:$E_P = \frac{1}{2}kx^2$,其中k为劲度系数,x为形变量。

弩的设计和制造利用了这些物理原理,使得它能够有效地发射箭矢,成为一种强大的武器。

四、弩在古代的作用与影响

在中国古代,文人雅士崇尚的“文人四艺”或“雅艺四项”包括琴、棋、书、画以及射箭,这些技艺不仅展现了他们的文化修养,也是他们社交和自我修养的重要方式。其中,射箭不仅是一种军事技能,用于保护国家和征战,也是贵族和文人修身养性的一种方式,代表着专注和精准。

弩,作为古代一种重要的远距离杀伤武器,在军事上的应用尤为显著。《战国策·韩策一》中提到“天下之强弓劲弩,皆自韩出”,表明弩在战国时期就已经被广泛应用于军事。弩在冷兵器时代是一种极为先进的军事装备,它在攻城略地、南征北伐甚至改朝换代方面都发挥了至关重要的作用,重要性堪比现代的步枪。

弩的使用极大地推动了冷兵器时代战争的发展,它不仅扩展了战争的时空范围,还促进了人类军事文明的演进。正如恩格斯所言:“弓箭对于蒙昧时代,正如铁剑对于野蛮时代和火器对于文明时代一样,乃是决定性的武器。”弩的出现和发展,无疑在古代军事史上占据了举足轻重的地位。

五、不同造型的弩

1.“天下第一弩”

2003年在宿迁出土的西汉错金银铜弩机(图15-11),被誉为“天下第一弩”。这件铜弩机装饰精美,全身覆盖着金银纹饰,展现出无与伦比的工艺水平。其纹饰繁复而华丽,设计巧妙绝伦,彰显了古代工匠的高超技艺。

图15-11　西汉错金银铜弩机（高12.5厘米，长11.1厘米）

望山上，蛇形龙纹与凤纹交织，金蛇蜿蜒，奔兽矫健，飞鹤展翅，构成了一幅生动的神话图景。双牙外侧，一对奔鹿跃然而出，仿佛在林间穿梭；正面则刻画着一对灵鹤，羽毛细腻，姿态优雅。牙下转轮上的两只飞雁栩栩如生，仿佛随时准备振翅高飞。

郭台的后部描绘了白虎啮野猪的勇猛场景，而前部则以两组对称的奔鹿图展现了自然界的和谐与力量。箭槽中，一支金色利箭蓄势待发，前方两只大雁惊慌失措，仿佛在逃避即将到来的危险。整个弩机不仅是战争的利器，也是一件无价的艺术品，反映了西汉时期高超的金属工艺和极高的审美情趣。

2.三弓床弩

三弓床弩（图15-12）的设计巧妙地运用了机械原理，以实现强大的发射能力。在发射前，操作者需用力转动轮轴，通过拉索拉动连为一体的三张弓中的弓弦。这一过程中，轮轴和拉索的组合起到了改变力的方向的作用，类似于滑轮系统，有效地放大了拉力。

图15-12　三弓床弩图示

当弓弦被拉至固定位置后，它便被锁定在弩机上(图15-13)。此时，弩机实际上充当了一个杠杆的角色。在弩弓中，巨大的弹性势能被储存起来。当击发机制被触发时，只需轻轻扣动弩机，弓弦便会瞬间对箭矢施加巨大的推力。这一动作的结果是，箭矢获得了极大的动能，并以极快的速度飞射而出，展现出三弓床弩惊人的威力和精准度。

图15-13　三弓床弩应用

六、结语

在当代社会，虽然弩已不再是战场上的主要武器，但它背后的物理原理在多个领域中仍发挥着重要作用。在工程学和物理学的教学中，弩的机械结构和能量转换原理被用作教学案例，帮助学生理解力学知识(图15-14)。同时，在体育和娱乐活动中，弩也作为一种运动器材，在确保安全的前提下，能让人们体验射箭的乐趣。

图15-14　弩

弩在文化和体育领域中的价值被人们所认可和传承，这些技艺被视为中国传统文化的重要遗产，受到人们的尊重和保护。现代弩的设计和制造技术在科技的推动下也得到了进一步的提升，其精度和隐蔽性都有了显著的增强。因为弩结构简单，操作容易，具有无光、无声等隐蔽优势，不但能够悄无声息地杀敌于无形，而且还能避免引发易燃、易爆物品的爆炸等。在特种作战、反恐、治安维护以及抢险救援（如抛掷绳索）等特殊场合，弩仍然能够发挥其独特的优势。然而，由于弩具有易于操作、杀伤力大和射击准确的特点，许多国家和地区通常会对民间拥有和使用该器械进行限制。在我国，弩就被明确列为违禁品，以防止可能的安全风险。

参考文献

[1]天工开物[M].杨维增，译注.北京：中华书局，2021.

第16讲

路途辗转，勿失心之所向

重庆的“黄色法拉利”——出租车，因为司机出色的技术被外地游客津津乐道。当行驶在复杂路段时，汽车是怎么辨别方向和计算收费呢？我们的汽车安装有定位系统，利用卫星定位汽车位置，感知车头方向，并规划出最佳路径。我们在坐出租车时，行驶的里程不同会有不同的收费标准，汽车通过轮胎的转数和轮胎的周长来计算里程，这一过程通过传感器和车载电脑显示在里程表上。

那古代路途遥远时，赶车的人们是怎么来确定前进方向的呢？古籍中记载了一种能指示方向的车辆——指南车，如图16-1所示，常作为帝王的仪仗车辆。

图16-1 指南车

《三国志》中写道“时有扶风马钧，巧思绝世……先生为给事中，与常使高堂隆、骁骑将军秦朗争论于朝，言及指南车，二子谓古无指南车，记言之虚也……先生曰：‘虚争空言，不如试之易效也。’于是二子遂以白明帝，诏先生作之，而指南车成。”

这段话大意是：当时朝堂上有两人争论，认为古代没有指南车，而马钧站出来说空口争论没有用，不如试着做一做就知道有无了。后来指南车真让马钧给做出来了，他也是历史记载中第一个做出指南车的人。

《晋书·舆服志》对指南车的详细面貌做了介绍："司南车，一名指南车，驾四马，其下制如楼三级。四角金龙衔羽葆，刻木为仙人，衣羽衣，立车上，车虽回转而手常指南。大驾出行，为先启之乘。"

这段话的意思是：司南车，又叫指南车，由四匹马拉着，它的下面有三层楼的构造。车的四角各有一条金龙衔着带有羽毛的华盖。车上还刻着木头做的小人，穿着羽毛做的衣服，站在车上。车子虽然会来回转动，但小人伸出的手常常指向南方。皇帝出行时，就派这辆车子在前面开道。

可见，人们是根据车上木人手指的方向来确定方向。在后来的应用中发现，木人手指的方向不一定是南方，但木人所指方向在指南车运动过程中基本保持不变，这样也能为人们指明方向。几千年前的指南车也早已蕴含现代汽车差速器的思想。

一、指南车的原理

指南车和指南针虽一字之差，但是二者蕴含的物理原理完全不同。指南针是利用地磁效应来实现指引方向，静止时小磁针指的方向就是地理南极；而指南车则是利用机械传动系统来指明方向的一种机械装置，它所指的方向始终为初始方向，也不一定是南方。

我们可以用如图16-2所示的简易模型探讨一下。车身一开始处于水平方向，木人一开始指向为水平向右，当车身向逆时针方向转过θ角度时，车上木人的手臂相对车沿反方向顺时针也转过θ角。对比发现，这时木人指向仍为水平向右，相对地面转过的角度为零。也就是说，不管车身向哪个方向转过一定角度，车上木人的手臂必须沿反方向也转过相同的角度，这样才能相对地面保持指向不变。

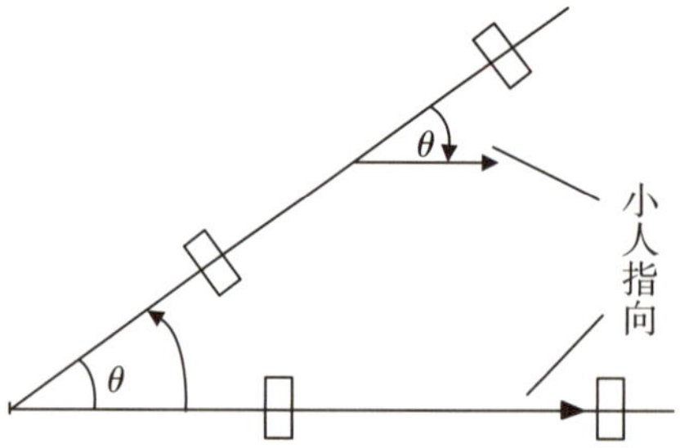

图16-2　指南车转弯时小人指向示意图

通过图16-2我们不难想到，当指南车转过一定角度时，两个相同车轮行驶的路程并不相同，所以两个车轮运动的速度也不相同，两个车轮会在运动的过程中因为速度差而分开，但两个车轮又是由同一根通过中心轴的木棍连接的，说明二者运动的路程和速度是一样的，这就需要在两个车轮之间安装机械传动来抵消两车轮在转向时带来的速度差，这就是指南车的精妙之处！

因此，指南车的原理可以概括为通过人力带动指南车两轮行走，依靠车厢内复杂的机械传动系统传递在车体转向时两车轮所带来的差动，从而带动车上木人的指向与车转向的相反方向转动相同的角度，使木人始终指向指南车出发时的方向。

二、车轮转动和车轮转向的关系

这种复杂的机械传动系统是如何抵消掉转向时两车轮之间的差速呢？

如图16-3所示，指南车以某点O为圆心，r_1为内侧车轮转弯的半径，r_2为外侧车轮转弯的半径，d是两车轮间的间距，三者之间存在关系$d=r_2-r_1$。车轮逆时针转过θ角度，在这个过程中，车轮同时发生两种转动，一个是围绕O点（指南车转弯中心）转动，另一个是自身绕车轮中心转动。

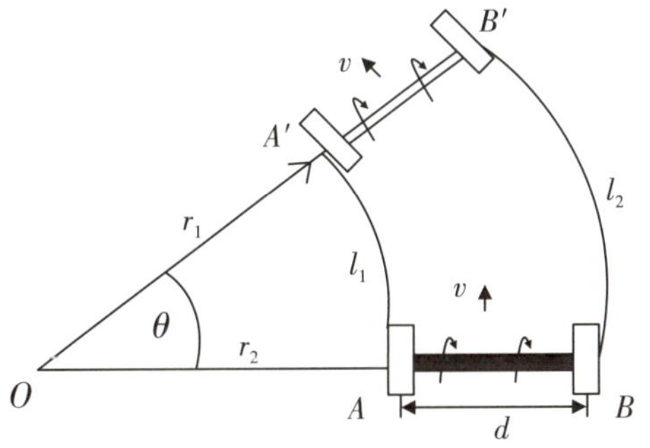

图16-3　指南车转弯示意图

设车身的转动角速度为$\omega_{车身}$，指南车经Δt时间转过角度θ，三者之间存在关系$\theta=\omega_{车身}\Delta t$。在此过程中，内侧车轮由$A$点运动至$A'$点，外侧车轮由$B$点运动至$B'$点，那么内侧车轮走过的弧长为$l_1=r_1\theta$，外侧车轮走过的弧长为$l_2=r_2\theta$，则在转向时外侧车轮比内侧车轮多行驶弧长：

$$\Delta l=r_2\theta-r_1\theta=(r_2-r_1)\theta=d\omega_{车身}\Delta t, \quad ①$$

设车轮半径为R，内侧车轮转动角速度为$\omega_{内}$，外侧车轮转动角速度为$\omega_{外}$，那么内侧车轮转过的弧长$l_1=\omega_{内轮}R\Delta t$，外侧车轮转过的弧长$l_2=\omega_{外轮}R\Delta t$，则在转向时外侧车轮比内侧车轮多行驶弧长：

$$\Delta l=l_2-l_1=(\omega_{外轮}-\omega_{内轮})R\Delta t, \quad ②$$

因为①②式表示的距离相同，即$d\omega_{车身}\Delta t=(\omega_{外轮}-\omega_{内轮})R\Delta t$，可以得到：

$$\omega_{车身}/(\omega_{外轮}-\omega_{内轮})=R/d, \quad ③$$

也就是说，如果指南车向任意一侧转弯，车身整体转弯的角速度$\omega_{车身}$与内外车轮转动角速度的差值之比等于车轮半径R与轮距d之比。所以在制作指南车时需要严格控制各个齿轮之间的大小关系，才能实现两车轮速度相同。

三、指南车的制作

从古至今，人们都没有停止对指南车的具像化。《南齐书·祖冲之传》最早出现了对指南车机械构造的记述，祖冲之改造了铜制机械，使它无论怎样转动都能保持所指的是同一方向，比马钧制造的指南车更胜一筹。

《宋史·舆服志》记载了燕肃如何制作指南车的详细方法："用独辕车，车厢外笼上有重构，立木仙人于上，引臂南指。"这句话的意思是：使用独辕车为基本框架，车厢外笼上有二层，在车厢的顶部立一个木制的仙人，他伸开臂膀指向南方。在此之后，车上装置大轮和小轮共九个，齿轮合共一百二十个。在独辕车两侧还装有两只足轮，每只足轮高六尺，周长一丈八尺。足轮两侧各装有两只小轮，小轮的直径二尺四寸，周长七尺二寸，每只小轮上各有二十四个齿，齿与齿之间相距三寸。在辕端横木下面装二只小轮，小轮的直径三寸，用铁轴贯穿它。左面装一只小轮，直径一尺二寸，小轮上有十二个齿；右面也装一只小轮，直径也是一尺二寸，也有十二个齿。中心装一只大轮，直径四尺八寸，周围一丈四尺四寸，轮上有四十八个齿，齿与齿之间相距三寸。在中心大轮中立一根贯心轴，高八尺，直径三寸。轴上端刻一个木制的仙人。当车子行进时，木制的仙人总是指南。如果车子要转向东，就推动车辕向右旋转，那么附在右侧足轮上的小轮就顺转十二齿，带动右面的小轮旋转一周，触动中心的大轮向左转四分之一圈，也就是转十二齿，车子向东行进，木制的仙人就交叉双臂而指向南方。如果车子要转向西，就推动车辕向左旋转，那么附在左侧足轮上的小轮就顺转十二齿，带动左面的小轮旋转一周，触动中心的大轮向右转四分之一圈，也就是转十二齿，车子就向西行进，木制的仙人就交叉双臂而指向南方。如果车子要向北行进，无论是车子先向东转向，还是先向西转向，转动的方法都和前面所述的一样。

以上所记述的大小轮九，包括两个足轮（车轮），两个小轮（滑车），附在足轮上的两个立齿轮（二十四齿），与之啮合的两个小平轮（十二齿），并在车的中心装置一个大平轮（四十八齿），这是燕肃指南车的基本组成。[3]现代社会对中国古代指南车的研究始于欧洲，第一个设计出指南车传动系统的是摩尔(A.C.Moule)，如图16-4是他复原的燕肃指南车传动系统图，后来清华大学教授王振铎教授也复原了燕肃指南车，如图16-5。

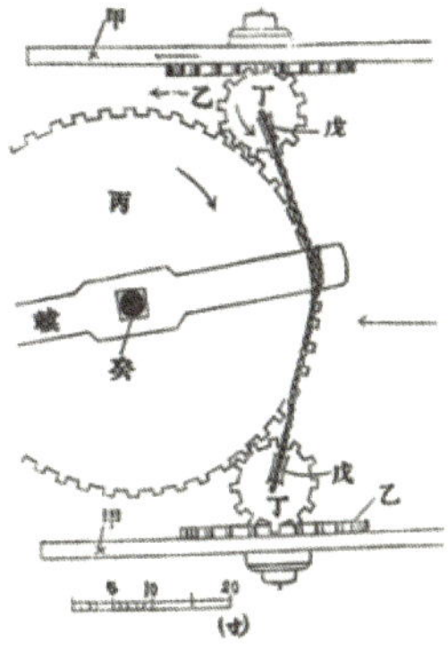

图16-4 摩尔复原的燕肃指南车

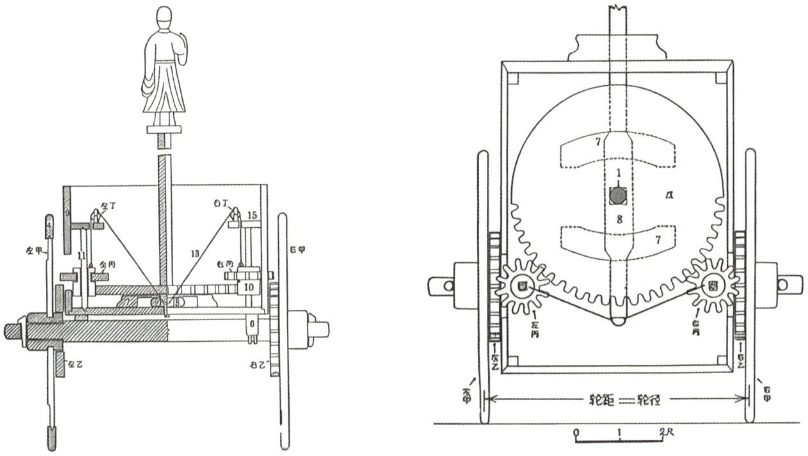

图16-5 王振铎复原的燕肃指南车(左后视、右俯视)

四、指南车的发展

1.记里鼓车

记里鼓车(如图16-6)是古时候用来记录行驶距离的马车，其结构与指南车相似。晋代崔豹的《古今注》中记载："车上为二层，皆有木人，行一里，下层击鼓；行十里，上层击镯。"这句话的大意为马车有上下两层，每层都有一个木人，马车每行驶一里地，下层木人击鼓一下，每行驶十里地，上层木人敲打铃铛。人们就可以通过声音知道马车行驶了多少距离，这不就是古代的"出租车"吗！

图16-6　记里鼓车(清华大学博物馆复原品)

2.现代差速器

现代社会,当汽车转弯时,内侧车轮和外侧车轮的转弯半径不同,外侧车轮的转弯半径要大于内侧车轮的转弯半径,这就要求在转弯时外侧车轮的转速要高于内侧车轮的转速,汽车中差速器的作用就是满足车辆转弯时两侧车轮转速的不同要求,所以指南车的制作就蕴含了现代汽车差速器的原理。

如果在指南车的基础上加上电机和单片机来控制,并加装水平仪对指南车进行三维修正,就能使指南车的指向更精确,并使指南车在日常生活、航天技术等方面应用更为广泛,如大型公共场所及旅游场所的自动指向装置、月球车及火星车的天线定向、坦克行进间辅助定向瞄准、挖掘机转动时机械臂自动定向及战场转移紧急时雷达、火炮的自动定向等。

参考文献

[1](晋)陈寿.三国志[M].(宋)裴松之,注.北京:中华书局,2007.

[2]郝志国,李娇莉.指南车原理剖析——用高中物理知识解释指南车工作原理[J].物理通报,2013(08):125-127.

[3]程军.燕肃指南车文献再研究[J].山西大同大学学报(自然科学版),2017,33(3):89-96.

[4]王振铎.燕肃指南车造法补证[J].文物,1984(06):61-65+60.

[5]刘钊,杨牧寒,马凯悦,等.中国古代指南车的复原与改善[J].机械传动,2018,42(10):175-179.

第17讲

玲珑摇摇香袅袅，中心玉立巧用心

《西京杂记》是古代历史笔记小说集。汉代刘歆著，东晋葛洪辑抄。其中的“西京”指的是西汉的首都长安。写的是西汉的杂史，既有历史也有西汉的许多遗闻轶事。其中有人们喜闻乐道、传为佳话的“昭君出塞”“卓文君私奔司马相如”等许多妙趣横生的故事皆首出此书，且为后人称作典故。还有一句成语“凿壁借光”，也是从该书中匡衡的故事流传出来的。

一、“被中香炉”

《西京杂记》这部古书中写道，汉武帝时，首都长安有位叫丁缓的巧匠，他制成了当时已经失传的“被中香炉”。在香炉中贮存着香料，点燃以后，放在被褥之中，随意滚动，香炉能始终保持水平状态，不会倾翻，香火也不会倾撒出来。这种巧妙的香炉到底有没有呢？是不是《西京杂记》的作者夸大其词呢？这个不解之谜，直到1963年，考古工作者在汉唐古都西安发现一处地窖，在200多件金银器皿中，发现了好几个“被中香炉”，人们研究了它的构造，才有了答案，确实与《西京杂记》这部古书上写的一样(图17-1)。

图17-1　打开后的被中香炉

《西京杂记》写道："长安巧匠丁缓者，为常满灯，七龙五凤，杂以芙蓉连藕之奇。又作卧褥香炉，一名被中香炉。本出房风，其法后绝，至缓始更为之。为机环，转运四周，而炉体常平，可置之被褥，故以为名。又作九层博山香炉，镂为奇禽怪兽，穷诸灵异，皆自然运动。又作七轮扇，连七轮，大皆径丈，相连续，一人运之，满堂寒颤。"

这段话的意思是：长安巧匠丁缓，作常满灯，上雕七龙五凤，杂以芙蓉莲藕之奇异纹饰。又作卧褥香炉，一名被中香炉。本出于房风之手，其技法后来绝迹，至丁缓才又承继它。炉上安有机环，可转运四周，而炉体常平直不倒，可置它于被褥之中，故以此为名。又作九层博山香炉，镂刻为奇禽怪兽状，穷尽诸多灵异，皆能自然转动。又作七轮扇，连有七轮，宽大皆直径达一丈宽，相互连续，一人转动它，满堂尽觉寒颤。

二、香炉奥秘

原来，这种"被中香炉"是一个银制的高约5厘米的球形炉子。外壳由两个半球合成。壳上镂刻着精美的花纹，花纹间有空隙，借以散发香气。球壳内部装有大小两个环，大环装在球壳上，小环则套在大环内，两个环的轴相互垂直。置入香料的金碗又用轴装在内环上，并使金碗的轴与两个环的轴都保持垂直。由于这三根轴互相垂直，不论香炉的外壳如何滚动，置放香料的金碗在重力作用下，能始终保持水平状态，如图17-2。

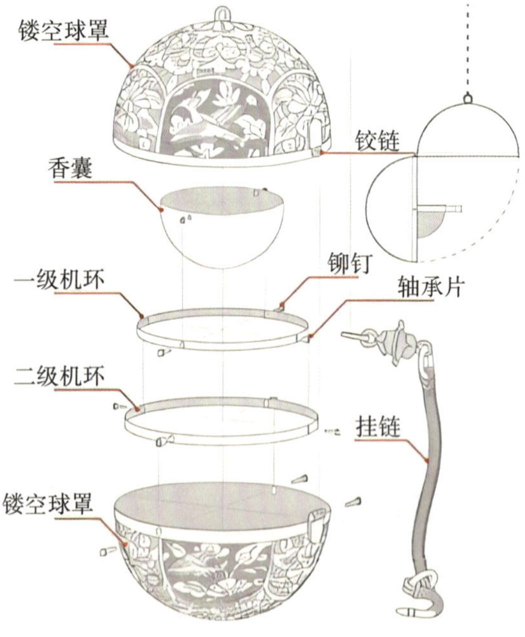

图17-2 杯子香炉拆解图

令人惊异的是，“被中香炉”的构造原理，竟与现代陀螺仪中的万向支架完全相同。在现代的宇航、航空、航海事业中，陀螺仪扮演着重要的角色(图17-3)。但是，当陀螺仪在飞速旋转时，需要有支架给以支撑。最简单的陀螺仪，就是依靠这种万向支架来支撑的。在这种仪器中，由于有了万向支架的支撑，可以让陀螺的转轴指向任意方向。

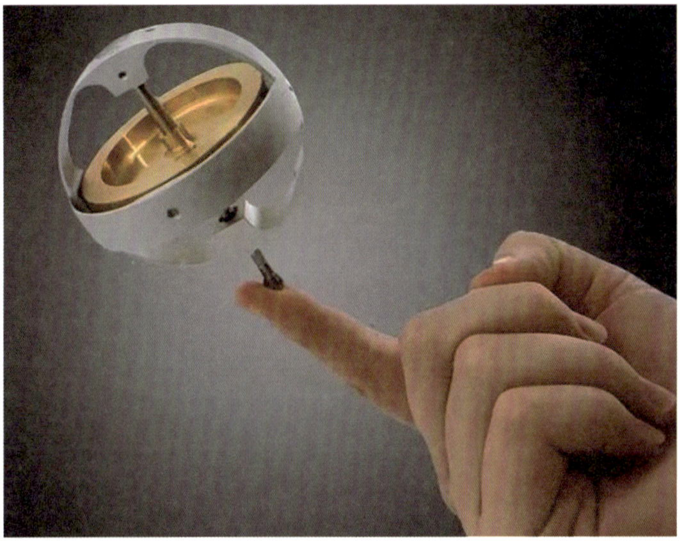

图17-3 陀螺仪

三、制作一个不倒翁

准备材料：鸡蛋壳(或类似的小球形容器)、小石子(或沙子、泥土等重物)、黏土(或其他可用于固定的材料)、彩纸等装饰物。

制作步骤：

①在鸡蛋壳(或小球)中装入小石子等重物，以增加不倒翁的底部重量，使其能够自动恢复直立状态。

②使用黏土等材料将重物固定在鸡蛋壳(或小球)的底部。

③用彩纸等材料制作不倒翁的帽子、衣服等装饰物，并进行装饰。

此外，还有一些不同材料制作不倒翁的方法，如用纸藤、瓶盖、硬纸板等。这些方法的制作步骤与上述类似，但具体细节会因材料不同而有所差异。需要注意的是，在制作不倒翁时，要确保重物足够重，以使不倒翁能够稳定地保持直立状态。同时，装饰物的制作也可以根据个人喜好进行创意发挥。

四、结语

在《西京杂记》的记载中，丁缓还不是“被中香炉”的发明人，只是将失传的事物再行创造出来，换句话说，“被中香炉”的发明还要早于丁缓活动的年代（公元前140年到80年）。直到公元1500年，意大利科学家达·芬奇才提出类似的设计，比我们的祖先至少晚了1600年。

参考文献

[1]葛洪集，成林，程章灿，译注．西京杂记全译（卷一）[M]．贵阳：贵州人民出版社，1993.

[2][英]李约瑟．中国科学技术史　第四卷　物理学及相关技术　第二分册　机械工程[M]．鲍国宝，等译．北京：科学出版社，上海：上海古籍出版社，1999.

第18讲

“声声”不息，回响古今

生活中，我们会听到各种各样的声音，如水流声，风声，鸟鸣声，等等。不同种类的物体发出的声音不同，即使是同一种物体发出的声音也有高低强弱的不同。古人也曾意识到声音的这些特性并记载下来，在记载声音的资料中，关于声乐的记载颇多，上古时代弦乐器已有了雏形，后来古琴（图18-1）成为中国传统乐器，一直流传至今。

图18-1　古琴

对于乐器如何发声，古人也曾进行过讨论。宋代诗人苏轼在《琴诗》中写道：“若言琴上有琴声，放在匣中何不鸣？若言声在指头上，何不于君指上听？”这句话的意思是：如果说琴声发自琴，那把它放进盒子里为什么不响呢？如果说琴声发自手，为何你的手上听不到声音？这说明琴声的产生不能光靠琴，也不能只靠手指头。

古诗文中关于发声的记载，包括但不限于乐器发声方面的讨论，唐代孟浩然《宿桐庐江寄广陵旧游》中以“风鸣两岸叶，月照一孤舟”描绘两岸风吹树动枝叶沙沙作响，月光如水映照江畔一叶孤舟，风吹叶动之声与声音原理相关。声音特征亦见于诗文，李白《夜宿山寺》中“不敢高声语，恐惊天上人”中的“高声语”则与声音的另一个特性——响度有关。宋代柳永《望海潮·东南形胜》则通过“羌管弄晴，菱歌泛夜”中羌笛吹来，人耳能立刻分辨，其中便体现了展现不同乐器音色之别。

一、声音的产生

《易经》中记载：“声教同气，故声善远听也。”这一观点认为声音是通过空气传播的。这表明古代中国人对声音传播和产生机制方面已有初步认识。

声音是由物体的振动产生的，如图18-2所示。振动即物体的往复运动。固体、液体、气体都能够振动发声。在上面两个案例中，琴声是由琴弦的振动而产生，而沙沙的声响则是由树叶的振动而产生。一切正在发声的物体都在振动，振动停止，发声也停止。

图18-2　振动发声

二、声音的传播

《论衡》中写道：“鱼长一尺，动于水中，振旁侧之水，不过数尺，大若不过与人同，所振荡者不过百步，而一里之外淡然澄净，离之远也。今人操行变气远近，宜于鱼等，气应而变，宜与水均。”

这段文字的前一句，描写了游动的鱼搅起水浪的大小、浪花传播距离的远近。后一句指出，人的言语行动也会使空气发生变化，变动的情况和水波一样。此外，王充在这里还表达了另一个科学思想：波的强度随传播距离的增大而衰减，即鱼激起的水波不过百步，在一里之外消失殆尽；人的言行激起的气波和鱼激起的水波一样，也是随距离而衰减的。这里展现了王充对声的波动性的初步认识，并同时阐述了空气与水作为波动媒质在物理性质上的相似性，另外，他还认识到鱼的能量造成的水波的传动也只能限于百步之内，隐隐约约地觉察到了声音的强度随传播距离增大而衰减的关系。

到了明代，借水波比喻空气中声波的思想更加明确、清楚。明代科学家宋应星在

《论气·气声篇》中写道：“物之冲气也，如其激水然。……以石投水，水面迎石之位，一拳而止，而其文浪以次而开，至纵横寻丈而犹未歇。其荡气也亦犹是焉。”敲击物体使空气产生的波动如同石击水面产生的波动。

从《论衡》和《论气·气声篇》的记载可以看出，古人对声学研究已有了初步的思考，而现在社会已有了十分具体的验证声音传播原理的三种方法：

第一种　转换法——物理学中常将一些无法直接感知或不易观察到的现象转换成人们可以感知或容易观察到的现象。例如，观察鼓面振动时，鼓面的振动不易被人观察到，但我们可以在鼓面上撒些碎纸屑或泡沫颗粒，鼓面振动时会引起纸屑或泡沫颗粒的跳动，由此可由纸屑或泡沫颗粒是否跳动来反映鼓面是否在振动。

第二种　比较法——通过对不同物理现象的比较，发现它们的不同点和相同点，从而得出某种结论。例如，通过比较物体发声和未发声时的区别，探究发声物体的共同特征，即声音是由物体振动产生的。

第三种　归纳法——通过大量事实概括得出结论的方法。例如，根据“物体振动发声”的大量事实，总结得出“发声的物体都在振动”的结论。

声音最早、最广泛的应用是声音广播。声音广播（图18-3）的传播载体是电磁波，当电磁波在空间内以无线方式传播时被称为无线电波。电磁波最初是被用来传送电报的，而声音广播利用电磁波进行传播，使得声音信号能够覆盖广泛的区域，从而实现信息的快速传播。这种技术使得人们能够通过无线电接收设备听到广播的内容，无论是新闻、音乐还是其他信息，从而极大地丰富了人们的生活，并促进了信息的快速传播。广播技术的进步，不仅让声音跨越空间限制，还使得远程教育、文化交流等成为可能。

图18-3　声音广播

三、声音的基本特性

声音有三个基本特性：音调、响度、音色。

音调指声音的高低。例如，我们常说的海豚音指的就是音调很高的声音。而音调的高低与物体振动的快慢有关。物体振动得快，发出的音调就高；振动得慢，音调就低。比如钢尺振动时，伸出桌边的长度越短，振动越快，音调越高。对于乐器中的弦乐器，弦长越短，弦振动就会越快，其音调就越高。物理学定义物体每秒振动次数为频率，反映振动快慢。频率单位是赫兹，简称赫，记作 Hz。我们常说的人耳听觉范围是20～20000 Hz。高于此范围称超声波，低于此范围称次声波，均超出人耳听觉，因此人们的耳朵是听不到这两类声波的。超声波频率高，波长短，具有良好的定向性，工业与医学上常用超声波进行超声探测（如图18-4所示）。而次声波频率低，波长长，易衍射，穿透能力强，常被应用于探测火山爆发、地震、台风、海啸等自然灾害性事件（如图18-5所示）。

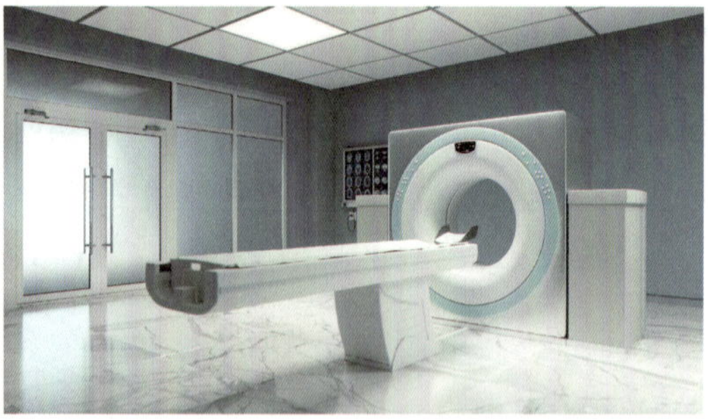

图18-4　CT

图18-5　水下探测设备

响度指声音的强弱，也就是指我们平常所说的声音的大小。声音强弱的等级用分贝来表示，符号是dB。人能听到的最微弱的声音是0分贝，平日里人们正常说话的音量大约是40至60分贝。据美国国立耳聋与其他交流失调研究所的数据显示[1]，持续暴露在85分贝的噪声中会对人体造成危害。物理学中用振幅来描述物体振动的幅度。物体的振幅越大，产生声音的响度越大。人听到声音是否响亮，跟发声体的振幅和人距发声体距离的远近有关。声音是从发声体向四面八方传播的，越到远处越分散。正如我们常说的"近听似炸雷，远听似蚊声"，距离发声体越远，听到的声音越小。用喇叭可以使声波集中向前方传播，不让它平均地向四面扩散，这样可以使声音沿一个方向传得更远。

图18-6 留声机

不同的物体发出的声音，即便音调和响度相同，我们还是能够分辨出它们的不同。这表明声音还有另一个特性，它就是音色。音色由物体本身决定。不同发声体的材料、结构不同，发出声音的音色也就不同。也就是说，音色与发声体的材料、结构有关。

四、声音的应用

1. 发声原理的应用

关于发声原理的应用，最多的是在各种乐器方面，如弦乐器、管乐器和打击乐器等。弦乐器包括古琴、二胡和小提琴等乐器，都是通过弦的振动而发声。例如，古琴就是靠手指去弹拨琴弦，使得琴弦振动发声，再由木质共鸣箱使得声音更洪亮。古琴，又称“七弦琴”“瑶琴”，距今已有三千多年的历史。中国历代都有不少关于古琴的美谈。相传西汉时期司马相如以古琴为媒，凭借一曲《凤求凰》成功赢得了卓文君的芳心。唐代落霞式“彩凤鸣岐”七弦琴是现存于世音质较为完好的古琴之一，如图18-7所示。

图18-7 落霞式“彩凤鸣岐”七弦琴

在影视剧中我们可以经常看到主人公在宴会上弹琴的场景，一旦弦断，或者用手按住琴弦，则琴声停止。这便是振动停止，发声也停止的原理。打击乐器则是通过打击使其产生振动，从而发出声音，如磬、鼓、锣等。在中国传统的音乐文化中，钟磬之音、金石之声，备受青睐。磬起源于石器时代人们打磨石器的劳动。将石块作成一定的板式，并按照音高将它们成组地编挂在乐架上，就称为编磬，如图18-8所示。

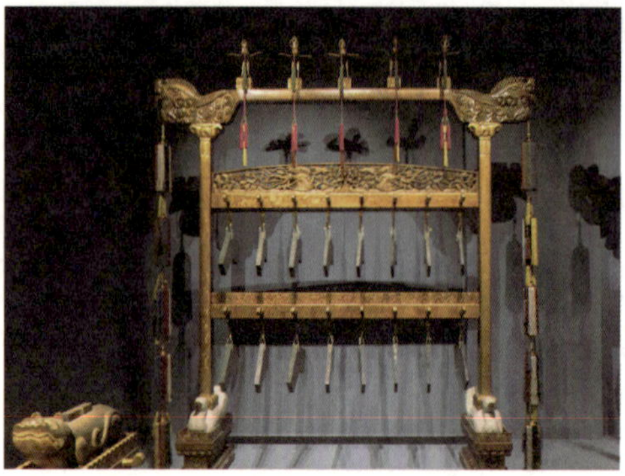

图18-8　编磬

而管乐器的发声机制与弦乐器以及打击乐器有所区别。它是利用空气柱振动发声，如长笛、箫等乐器，包含一段空气柱，吹奏时空气柱振动发声。

古人对于声音和振动的关系认识颇深，和各式各样的传统乐器一样，鱼洗也是一个神奇的存在。在古代，洗的形状类似洗脸盆。盆内底刻鱼的称为鱼洗，刻龙的则称为龙洗。这种器物在先秦时期已被普遍使用，而能喷水的铜质鱼洗(如图18-9所示)大约出现在唐代。它形似洗脸盆，底平，盆沿左右各有一个把柄，称为双耳；底刻四条鲤鱼，鱼与鱼之间刻有四条河图抛物线。其妙处在于盛水后，以湿掌摩擦双耳，立即发出响亮的嗡嗡声，盆如受撞击般振动，水波荡漾。若技巧得当，水珠四溅，如飞泉，自鱼嘴的喷水线喷出，大有飞泉之妙。

图18-9　铜质鱼洗

鱼洗喷水的奥秘何在？这不是洗内刻画的鱼或龙的作用，而是有它的科学道理。鱼洗振动的原理源于摩擦引发的自激振动。简而言之，这是一个能量传递的过程。当摩擦洗涤双耳时，能量被输入鱼洗，从而激发其以固有频率进行周壁振动。由于洗底紧贴桌垫，它不会产生振动。因此，这种振动类似于圆形钟的对称壳体振动。在洗周壁对称振动的拍击作用下，洗内的水也会产生相应的谐振。在振动的波腹区域，水的振动最为剧烈，不仅波纹荡漾，甚至能形成水柱；而在振动的波节区域，水则不会振动，如图18-10所示。

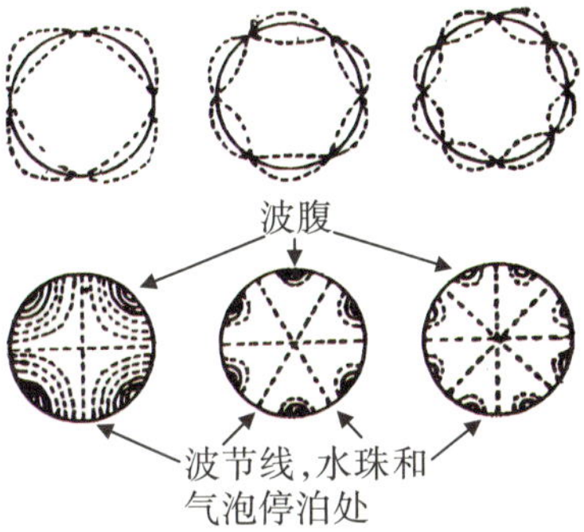

图18-10 鱼洗周壁作4、6、8节线振动（上）及其水面波纹图样（下）

在现代生活中，扬声器（如图18-11所示）的应用非常广泛。它是一种将电信号转换成声信号的器件，常应用于音响、耳机、手机和电脑等发声的电子电器设备中。扬声器的种类繁多，按照其换能机理可分为动圈式、电容式、压电式、电磁式、电离子式和气动式扬声器等。其原理则是音频电通过电磁，压电或静电效应使其膜片振动，在空气中形成声波，从而发出声音。

图18-11 扬声器

除了扬声器外，一种新型的厨房小家电——鸣音水壶（如图18-12所示），也是利用了声音由振动产生的原理。用鸣音水壶烧水，当水烧开的时候，壶嘴就会发出尖叫声，以此实现报警，提醒人们水烧开了。该水壶鸣音的奥秘就在壶盖上。在壶嘴上套着一个开着小缝的盖子。烧水时,把壶盖盖严,水沸腾时产生的大量水蒸气只能从壶嘴的小缝喷出,气流迫使壶嘴附近的空气振动,从而发出声音。

图18-12 鸣音水壶

在大自然界中,人们利用声带的振动发声,雄蝉(图18-13)利用其腹部的发音膜收缩振动而发出声音,青蛙(图18-14)靠位于喉门的软骨上面的声带振动发声。由此可见,生物也是利用声音的产生原理来发声。

图18-13 雄蝉

图18-14 青蛙

2.音调的应用

古人常将音调的知识应用在乐器上。频率不同的钟依大小次序成组悬挂在钟架上,形成合律合奏的音阶,称之为编钟,古代一般用于祭祀或宴饮。钟的大小和音的高低直接相关。编钟越大,敲击时振动频率低,音调就越低。演奏者按音谱敲打,可以演奏出美妙的乐曲。下图中展示的曾侯乙编钟(图18-15)是战国早期文物,也是我国迄今发现数量最多、保存最好、音律最全、气势最宏伟的一套编钟。它是由六十五件青铜编钟组成的庞大的打击乐器,其音域跨五个半八度,十二个半音齐备。

图18-15 曾侯乙编钟

在现代生活中，音调的知识也得到了广泛地应用。例如，往暖水瓶里灌开水时(图18-16)，可根据听到的声音音调的变化来判断水满与否。随着暖水瓶中的水的增多，听到的声音的音调逐渐变高，灌满时音调最高。其道理很简单：灌水的时候，瓶里的空气受到振动，发出声音，这部分空气就是声源。开始的时候里边的空气多，空气柱长，它振动起来比较慢，频率低，发出的音调也就低了，水越灌越多，空气越来越少，空气柱越来越短了，短空气柱振动得快，频率高，音调也变高了。此外，养蜂员根据蜜蜂发出的嗡嗡声(图18-17)的音调，就可以知道它们是飞出去采蜜，还是采好了蜜回蜂房。因为蜜蜂在不带花蜜时，翅膀轻，振动快，发声的音调高；而带花蜜回来时，翅膀重，振动慢，发声的音调低。

图18-16 灌水

图18-17 蜜蜂振翅

3.响度的应用

鼓是我国传统的打击乐器。击鼓时发出的声音激越雄壮,并且传声很远。它能振奋人们的精神,激发人们的斗志。因此,不管是在艺术表演的舞台上,还是两军对垒的战场上,都离不开鼓。要提高鼓的响度,最常见的做法是用更大的力度击鼓,使鼓面振动幅度变大。而在弹奏琵琶时,人们通过控制拨动的弦的力度来控制琵琶产生的声音的响度。

此外,我们常在影视剧和武侠小说中看到的少林七十二绝技之一——“狮吼功”,也与响度有关。2015年《最强大脑》第二季曾播出过一期节目,节目中一名挑战者就用吼声震碎了玻璃杯,该挑战者就是通过发出与玻璃杯固有频率相一致的声音,使之产生共振,振动幅度超出杯子的强度,使得杯子破碎。但要练成“狮吼功”,必须达到三个条件:首先,要能发出与玻璃杯固有频率相同的声音;其次,要有强大的肺活量来提供源源不断的振动气流对共振物体进行幅度叠加;最后,吼声的响度必须要很大才行。但由于能量守恒,虽然共振能叠加产生更大的振幅,吼出的能量可以震碎玻璃,但伤人则不太可能,更不用说达到电影里的效果了。

镇暴强声炮,又称远程声波拒止器(图18-18),是由一种超高功率扬声器演变而成。它通过定向发射超强声波驱散骚乱人群,是一款高科技警用设备。在实际使用时,操作者可先以喊话方式,要求目标对象配合行动,如果对方无适当反应,则可将该设备对准15°~30°的目标,集中释放高达150 dB的警告噪声,令作用人群无法忍受,以强制对象配合。通常车载强声炮的作用距离为400~1000 m,也有海上执法机关使用的大型强声装置,作用距离远达3000 m。

图18-18 远程声波拒止器

4.音色的应用

人们根据音色能够辨别不同的乐器或区分不同的人，也就是所谓的“闻其声知其人”。我们还可以根据音色来模仿各种各样的声音，如飞禽猛兽，风雨雷电等。我国民间表演技艺——口技，便是利用这个原理。表演者用口、齿、唇、舌等发声器官模仿大自然各种声音，能够让听的人身临其境。口技还曾运用到军事上，据《史记·孟尝君列传》记载：齐国孟尝君出使秦被昭王扣留，孟尝君有一门客学狗叫，偷得狐面裘来贿赂昭王妾，从而使孟尝君得到放行。孟尝君逃至函谷关时，昭王又令追捕。他的另一门客学鸡叫，引众鸡齐鸣，骗守关官吏打开城门，因而逃脱，如图18-19所示。

图18-19 “鸡鸣狗盗”

变声器是通过改变输入音频的音色、音调，并将变声后的音频输出的工具。人们通过变声器可将自身的音色完全改变，并变成另一种声音。变声器可分为变声器硬件和变声器软件。通过硬件实现变声的工具叫作变声器硬件。市面上常见的是手机变声器，通过这种变声器，可以在与人通话时，改变通话者的声音，使对方无法识别。变声器软件，即通过软件实现变声的工具，其运行平台皆为电脑系统，如混录天王等。

五、自制手风琴

准备材料：吸管10根、剪刀1把、双面胶1卷、彩纸1张、彩笔。

制作步骤：

①拿10支吸管粘在双面胶上，让吸管尖头朝上。

②把吸管的平头沿第一支管顶端画一直线并剪齐。

③再粘一条双面胶，贴上一张大小合适的彩纸。

④在纸上画一只美丽的蝴蝶，并用剪刀把蝴蝶剪下来做装饰，吸管风笛就制作完成啦。试试在吸管风笛上方1厘米的地方向吸管口吹气，看看能不能吹出一首完整的乐曲。

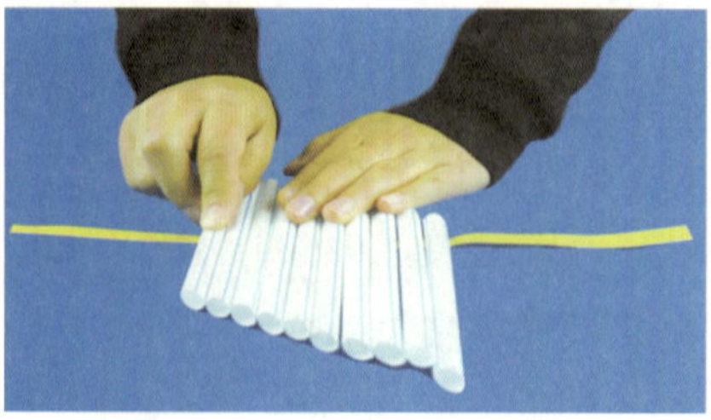

①

②

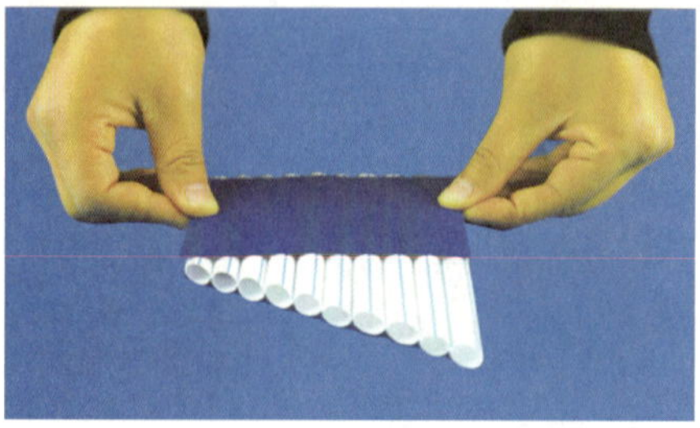

③

④

图18-20　手风琴制作步骤图示

六、结语

我们通过深入探讨声音的奥秘，整理与挖掘中华优秀传统文化中蕴含的物理知识，从而发现古人对声音的研究和利用所达到的令人惊叹的高度。往事越千年，传承永不变。古代中国人的创造性的智慧不仅属于他们自己，更是属于全人类的宝贵财富，值得我们每一个人去学习、去传承、去发扬。

参考文献

[1]周百里，郭艳樱，赵雯.鱼洗实验的探究[J].物理通报，2015(6)：3.

后记

《古籍中的物理之光》是在学校的统一部署和精心组织下编写的，是对我校物理教研组申报的重庆市市级精品选修课程《物理之眼》多年授课内容的部分总结，本书也是《基于核心素养的高中物理阅读能力培养策略研究》课题的结晶。

本书的编写组、课题组、项目组老师都倾注了大量的时间和精力，精心编撰，反复校对，数易其稿，方予付梓。本书是大家辛勤努力的成果，是集体智慧的结晶。此外，在编写过程中，我们的工作得到了重庆市教育科学研究院阮享彬老师、重庆市北碚区教师进修学院谢祥金老师的悉心指导，在此一并感谢。

本书在编写的过程中参考了大量资料，所收资料庞杂，有的内容一时难以注明作者和出处，敬请谅解。虽然我们在编写中反复酝酿、推敲、校对、审核，但百密难免一疏，敬请各位同仁和读者不吝赐教，使这本校本教材更加完善。

本书编写组